自然論理と日常言語
ことばと論理の統合的研究

山梨正明

ひつじ書房

はじめに

　一般に、日常生活の認識の世界を自明のこととして受け入れている素朴な態度は、哲学的には「自然的態度」と言われる。日常生活は、基本的にこの自然的態度を疑わないところに成立している。また、われわれが暗黙のうちに前提としている世界観は、通常、この自然的態度に基づく理解によって成り立っている。

　このような態度は、日常生活に限られる訳ではない。この種の自然的態度は、学問の世界にも当てはまる。例えば、学問の専門分野に関する既存の区分を疑わないで、それを当然のこととして受け入れて研究を進める態度も、ある意味でこの自然的態度ないしは自然的なスタンスの一種と言える。この種のスタンスは、本書で考察の対象とする「言葉」と「論理」の研究に関する学問的な区分にも反映されている。一般にこの二つの研究のうち、前者は「言語学」、後者は「論理学」として区分され、この区分を暗黙の前提として、それぞれの分野の研究が自律的に（i.e. 相互に独立して）進められている。この区分に従うならば、いわゆる文法に関わる現象は「言語学」の分野、推論や思考・判断に関わる現象は「論理学」の分野における研究という暗黙の前提が存在する。

　しかし本書では、この種の学問的な区分は前提としていない。従来の一般的な見方からするならば、推論や思考・判断の問題は論理学の分野に属し、文法の研究を中心とする言語学の領域からは独立した問題と考えられるかもしれない。しかし、生きた伝達の場で使われる日常言語には、推論や思考・判断のプロセスに関わる要因が密接に関わっている。本書において具体的に考察していくが、言語現象の中には、この種の認識のプロセスに関わる要因を考慮しなければ自然な予測（ないしは自然な記述・説明）が不可能な現象が広範に存在する。この事実は、日常言語のメカニズムに

は、推論や思考・判断を可能とする論理のメカニズムが密接に関わっていることを示している。換言するならば、この事実は、論理の世界が言語の世界から独立に存在するのではなく、言語の世界において論理のメカニズムが重要な役割を担っていることを意味する。

ただし、ここで注目する論理は、論理学や数理科学が前提とするいわゆる形式論理ではなく、日常言語の創造的な伝達と理解に関わるきわめて柔軟で創造的な論理（すなわち、自然論理）を意味する。本書では、日常言語の文法現象や意味現象の具体的な考察を通して、自然論理のメカニズムと日常言語のメカニズムの諸相を明らかにしていく。

本書ではさらに、言語と論理の世界だけでなく、この両者と密接に関わるレトリックの要因も考察する。これまでの伝統的な学問分野においては、レトリックは、言葉の綾ないしは思考の綾の分析に関わる分野として、言語学や論理学とは区別されている。この伝統的な見方の背後には、レトリックに関わる認知プロセスは、文字通りの言葉の意味や論理とは独立した認知プロセスであるという暗黙の前提が存在する。これに対し本書では、レトリックに関わる認知プロセスが、言葉の意味の創発と自然論理の思考の一面に密接に関わっている事実を明らかにしていく。そして以上の考察を通して、言語・論理・レトリックの知の能力が根源的な人間の知の能力に根ざしている事実を明らかにしていく。

本書は、基本的に言語学の研究書であるが、これまでの一般的な言語学の研究とは異なり、形式論理の推論と、形式論理を越える自然論理やレトリックに関わる推論の問題が考察の一部となっている。しかし本書では、この種の推論の問題は、あくまで日常言語のメカニズムの考察との関連で取り上げられている。換言するならば、この種の推論の問題は、日常言語の文法現象や意味現象の記述・説明との関連で取り上げられている。

以上の研究のうち、自然論理と文法に関する研究は、『発話行為』（大修館書店、1986）、『推論と照応』（くろしお出版、1992）で試みている。また、レトリックと文法、推論に関する研究は、『比喩と理解』（東京大学出版会、1988）、『認知意味論研究』（研究社、2012）、『修辞的表現論』（開拓

社、2015）で試みている。本書の研究は、これらの文法、論理、レトリックに関わる研究の延長線上に位置づけられる。

　執筆に際しては、形式論理学に関する問題の考察は、できるだけテクニカルな用語は避け、できる限り日常言語の自然論理に関係する本質的な問題の範囲に留めるように心がけた。伝統的な形式論理学（ないしはこの論理の体系を形式化した記号論理学）の世界は、言葉の研究に専念する研究者にとっては、きわめて抽象的で理詰めの世界として距離をおいて見られるかも知れない。しかし、この伝統的な論理の世界も、日常言語を思考・判断の道具とする我々の知のメカニズムの一部として構築された世界であり、自然論理の世界と無関係に存在している訳ではない。日常言語の世界から独立した系として位置づけられるように見える形式論理の一部は、自然論理の知のメカニズムにおいても重要な役割を担っている。本書では、形式論理と自然論理の問題をできるだけ日常言語の広範な具体例に基づいて考察している。（論理学の用語も、できるだけ基本的で平易な用語を使うように心がけている。）以上の考察が、これまでの伝統的な論理学の研究と言語学の研究の知見を統合し、人間の知のメカニズムの新たな探求に向けて、何らかの示唆を与えることができれば幸いである。

　本書では、作例だけでなく、日英語を中心とする日常会話、文学作品、等のテクストからの引用例に基づいて考察を進めている。引用例に関しては、できるかぎり出典とページを明示している。引用例の出典、ページ、等に関しては、巻末の〈引用例出典〉を参照されたい。

　出版に際し校正の段階では、京都大学大学院、人間・環境学研究科（言語科学講座）の井上優大、春日悠生、神原一帆、佐藤雅也、田中悠介の院生諸氏の協力を得ることができた。また、ひつじ書房の森脇尊志氏には、本書の企画から編集、校正の段階で大変お世話になった。この場を借りて、心よりお礼を申し上げたい。最後に、常に生活のあらゆる面において、励まし支えてくれる家族に感謝したい。

2016 年 12 月 8 日

山梨正明

vii

目次

はじめに　　iii

第1章　序章　　1

1. 形式論理と自然論理　　1
2. 形式論理の制約と限界　　2
3. 論理・文法・レトリック　　3
4. 認知能力、運用能力と自然論理　　5
5. 展望　　7

第2章　形式論理と自然論理　　13

1. 日常言語と形式論理　　13
2. 論理学と真偽の世界　　14
3. 自然論理の否定と言葉の主観性　　16
   - 3.1　二重否定の論理と意味の主観性　　16
   - 3.2　否定と緩叙法の論理　　19
   - 3.3　否定の論理的強度　　21
4. 等位関係の論理と言葉の主観性　　23
   - 4.1　交換法則の論理と等位関係の主観性　　23
   - 4.2　言葉の論理と知覚の一体性／分離性　　25
   - 4.3　言葉のイコン性と論理　　27

viii

　5.　選言の論理と解釈の主観性　　29

　6.　条件法の論理と言葉の主観性　　33

　7.　結語　　38

第3章　仮定世界と日常言語　　43

　1.　自然論理と条件表現　　43

　2.　条件表現―確定表現と仮定表現　　44

　3.　〈経験的〉条件表現と〈分析的〉条件表現　　46

　4.　語用論的前提と条件表現　　47

　5.　発話行為の機能と条件表現　　49

　6.　条件文の擬似論理性と語用論的推論　　53

　7.　条件文の論理と背景的知識　　56

　8.　条件文、疑似条件文と補助命題　　58

　9.　結語　　61

第4章　日常言語の論理と主観性　　67

　1.　日常言語の主観性　　67

　2.　言葉の論理性と焦点化の認知プロセス　　68

　3.　モノ的把握／状況的把握と言葉の論理性　　71

　4.　主観的知覚と情景描写の論理性　　74

　5.　事態把握の論理とイメージスキーマ変換　　80

　6.　言葉のメトニミー性と論理性　　82

　7.　メタファーの論理性　　89

　8.　結語　　93

目次　ix

第5章　言葉の身体性と論理の世界　97

1. 身体性と言葉の論理　97
2. イメージスキーマと推論　98
3. 推論とスキーマの比喩写像　103
4. 因果関係とイメージスキーマ　106
5. 比喩写像とイメージスキーマ　109
6. 否定の論理と空間認知　113
7. イメージスキーマと数学の論理　122
8. 視覚的同一性とイメージスキーマ　123
9. トポロジー的変換と同一性　124
10. 数量の同一性とゲシュタルト的認知　126
11. 結語　129

第6章　日常言語の推論と文法現象　139

1. 文法と推論　139
2. 日常言語における推論の諸相　140
3. 推論と照応現象　144
4. 複合的推論と間接照応　149
5. デフォールト的推論と間接照応　155
6. メトニミー的推論と照応　159
7. 語用論的推論と構文現象　163
8. 発話の力と等位構造　166
9. 等位構文のゲシュタルト的解釈　170
10. 省略の論理と推論　173
11. 結語　175

x

第7章　結語と展望　183

1. 言葉の論理と自然論理の身体性　183
2. 認知プロセスの主観性と日常言語の論理　184
3. 言葉の修辞性と論理の世界　185
4. 文法現象と自然論理の推論　187
5. 展望　188

引用例出典　195

参考文献　197

索引　203

第1章

序章

1. 形式論理と自然論理

　われわれの思考や判断はどのような論理に支配されているのだろうか。
一般に論理という場合には、伝統的な古典論理やその厳密な形式化に基づ
く記号論理が考えられる。この種の論理が、われわれの思考、判断のプロ
セスに密接に関わっていることは否定できない。この点は、三段論法の典
型例に見られるように、古来より論理学の定式化が、自然言語を手がかが
りに研究されてきたことからも明らかである。

　たしかに論理学は、自然言語を介してなされるわれわれの推論や判断の
中核部分の定式化を可能とし、推論や判断のプロセスの体系化の厳密な道
具立てとして、かなりの表現力を保証するものと言える。しかし、自然言
語に基づく推論、判断の全ての側面が、形式論理によって特徴づけられる
わけではない。文脈や言語外的な知識を柔軟に駆使する自然言語に基づく
日常の思考活動の基底にある論理（以下これを「自然論理」（natural
logic）と呼ぶ）は、形式論理に比べはるかに柔軟で強力な知のメカニズム
として機能している[1]。この種の柔軟で強力な思考活動を特徴づける自
然論理の研究は、認知科学の関連分野における人間の知のメカニズムの解
明の中心的な研究テーマとなっている。

2. 形式論理の制約と限界

　日常生活におけるわれわれの思考活動を特徴づける自然論理と形式論理の違いはどのあたりにあるか。この点を確かめるためには、まず後者の形式論理の適用範囲を見定める必要がある。形式論理では、妥当な推論パタンの抽出とこの推論パタンのより一般的で体系的な定式化がなされる。その際、形式論理では定式化の対象を限定する。例えば、形式論理の一部門である命題論理を例にとった場合、その定式化の対象として、真・偽に関する判断が可能な言明とこの言明を複合的に規定する論理結合子に限定される。この種の論理では、真・偽の判断が可能な平叙文はその対象となるが、疑問文、命令文、感嘆文のような言明とは異なる日常言語の表現は定式化の対象とはならない。また、形式論理における論理結合子（∧、∨、〜、等）は、基本的には自然言語の接続詞や否定辞（and、or、not、等）とそれぞれ対応関係にあるが、後者の接続詞や否定辞の意味と機能は、形式論理における真理関数的な定義によって過不足なく規定される訳ではない。

　自然言語の場合には、一つの論理結合子に真理関数的に対応する表現が複数存在し得る。たとえば、論理結合子の（∧）に真理関数的に対応する接続詞としては、and の他に but, yet, however などの多様な表現か考えられるが、形式論理では、これらの接続詞の意味と用法の違いを特徴づける非・真理関数的な側面は捨象される[2]。

　また形式論理では、論理結合子に対応する真理関数的な規定が可能な条件文は定式化の対象になっているが、理由文、譲歩文、疑似条件文、等は定式化の対象からは除外されている。このように形式論理では、その定式化の対象を言明を表現する平叙文に限定することにより、演繹的推論に代表される推論の形式的操作の道具立てとなっている。また、この種の推論の形式的操作の定式化により、日常言語を介してなされるわれわれの日常の推論、判断、等のプロセスの中核部分の形式的な規定を可能としている。

しかし、われわれの日常生活における自然論理の思考活動は、日常言語の多様な表現の柔軟な知識を組み込んだ認知プロセスを介してなされている。従って、この種の認知プロセスが関わる自然論理の解明に際しては、論理結合子や言明に対応する言語表現だけでなく、日常言語の多様な表現の形式、意味、用法に関する綿密な分析が必要となる。

3. 論理・文法・レトリック

西洋の伝統的な学問においては、文法学・論理学・レトリックは、古典的な学問の中核である三学科（trivium）を構成する独立した部門として位置づけられる。この伝統的な区分に従うならば、文法学の部門だけが言語学の研究のターゲットであり、論理学とレトリックの部門は、言語学の関連部門として等閑視される。

生成文法に代表される形式文法のアプローチでは、文法能力は、人間の一般的な認知能力や運用能力からは独立した自律的な能力であるという前提のもとに言語分析を試みる。また、論理学やレトリックの分野においては、一般的に論理能力は文法能力からは独立した理性的思考、修辞的な能力は文法能力を越える言葉の綾（ないしは思考の綾）に関わる能力として位置づけられる。

これに対し本書の考察では、日常言語の思考、判断のプロセスを特徴づける自然論理の観点から、文法に関わる言語現象、レトリックに関わる言語現象も考慮に入れながら、日常言語を特徴づける論理と言葉のメカニズムの解明を試みる。日常言語には、文法・論理・レトリックのどの側面も密接に関わっている（図1）。

図1

　図1は、日常言語には、文法に関わる現象と論理、レトリックに関わる現象が相互に密接に関係していることを示している。伝統的な言語学の研究では、文法に関わる現象は言語学の研究対象となるが、論理、レトリックに関わる現象は言語学とは異なる部門（すなわち、論理学と修辞学の部門）の研究対象として区別されている。

　これに対し以下の考察では、これらの三つの部門を、相互に独立した部門とは考えない。その理由は、本書の次のような人間の知の能力に関する学問観による。すなわち、人間の知の能力は、(i) 相互に密接に関わる文法能力、論理能力、修辞能力から構成され、(ii) この種の能力は、根源的には人間の一般的な認知能力と運用能力から創発的に発現してくる、という学問観による。この学問観は、図2に示される（cf. 山梨 2009b: 62）。

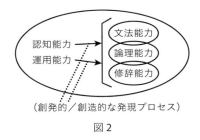

図2

　図2の文法能力、論理能力、修辞能力を囲む楕円は、部分的に重なり合っているが、これは、この種の能力が相互に独立したモジュール的な能力ではなく、密接に関わり合っていることを示している。また、この図におけ

る左側の認知能力と運用能力から出ている右向きの矢印は、以上の三種の能力が、人間の一般的な能力の中核を構成する認知能力と運用能力から創発的に発現することを示している。ここで問題とする認知能力は、図・地の分化／反転、焦点化、スキャニング、参照点起動のサーチング、イメージ形成、メタファー変換、メトニミー変換、等のさまざまな人間の認知プロセスを可能とする能力を意味する。また運用能力は、われわれの環境とのインターアクション、知覚における身体器官の操作、モノの操作、空間移動、スタンスの決定、等を可能とする生物としての基本的な身体能力を意味する。

　このように認知能力と運用能力を、一応、ここでは分けて定義している。また、上の図2でも認知能力と運用能力を区分している。しかし本書では、厳密には、前者の認知能力は根源的に後者の運用能力に根ざしていると考える。一見したところ、図・地の分化／反転、焦点化、スキャニング、参照点起動のサーチング、等の認知プロセスは自律的な認知能力に由来し、上記の生物としてのわれわれの身体能力とは独立して起動される認知プロセスのように考えられる。しかし、スキャニング、参照点起動のサーチング、図・地の分化／反転、焦点化、等の認知作用は、知覚における身体器官の操作（例えば、目という視覚器官の働き）の能力によって可能となる。また、世界がどのような形で図と地に分化して知覚され、この分化した世界がどのように反転して知覚されるかは、世界に対峙するわれわれの身体的なスタンスの決定（この世界においてダイナミックに変化するわれわれの身体図式の決定）によって相対的に決められる。この種の事実は、認知能力が根源的には運用能力に依存していることを示唆している。この意味で、本書では、いわゆる認知能力は、根源的にわれわれの身体能力を中核とする広義の運用能力に根ざしていると考える[3]。

4.　認知能力、運用能力と自然論理

　前節で述べたように、本書は、人間の知の能力の中核を成す文法能力、

論理能力、修辞能力は、根源的には人間の一般的な認知能力と運用能力から創発的に発現してくる、という学問観を前提としている。この視点から、本書では、特に日常言語の論理（i.e. 自然論理）の諸相を認知能力と運用能力との関連で体系的に考察していく。

これまでの伝統的な論理学の研究では、論理の世界は、推論をはじめとする思考、判断のプロセスを律する自律的な体系であり、この種のプロセスを可能とする論理能力は、本書で注目する認知能力や運用能力からは独立した能力と考えられている。これに対し本書では、一見したところ自律的な論理に基づいているように考えられる推論や判断のプロセスも、ある場所から他の場所に移動する空間移動の経験、ある空間と他の空間の包含関係の知覚に関わる経験、ある対象を他の対象と重ね合わせたり、ある対象を他の対象と１対１に対応づける経験、等に根ざしている事実を明らかにしていく。例えば、われわれの概念体系を特徴づけている多様なイメージスキーマの一種として、〈起点―経路―着点〉のイメージスキーマが考えられるが、この種のイメージスキーマは、ある場所から何らかの経路を介して他の場所に移動する空間移動の経験に基づいている。この〈起点―経路―着点〉のイメージスキーマは、論理的な思考、判断の中心となる前提から結論に至る推論プロセスの経験的な基盤となっている。そして、この種の推論における前提と結論は、根源的にはそれぞれ起点、着点の経験に基づいており、前提から結論に至るプロセスは、経路を通っていく空間移動の経験に基づいている。

われわれの概念体系を特徴づけるもう一つの重要なイメージスキーマとして、〈容器〉のイメージスキーマが考えられる。このイメージスキーマは、例えば、［Ａの集合はＢの集合を含む、Ｂの集合はＣの集合を含む、故にＡの集合はＣの集合を含む］といった推移律に関わる推論を可能とする経験的な基盤となっている。基本的に集合とこれに帰属するメンバーの関係は、容器と（容器の中に存在する）対象の関係として理解される。この基本的な理解が与えられるならば、容器の大小の包含関係に関する知覚経験（ないしは身体的経験）から、上記の集合の包摂関係の判断に関す

る推論や集合間の推移律の理解が可能となる。

　また〈容器〉のイメージスキーマは、集合の概念だけでなく、ある場所（ないしは空間領域）とそこに存在するはずの対象の有無の理解にも関係している。そしてこの経験が、論理的な思考、判断の中心的な概念である否定の概念の理解に関係している。基本的に否定の判断が可能となるためには、何らかの領域（i.e.〈容器〉としての認知領域）において、ある対象の存在（ないしは事態の成立）の予想が前提となる。否定の判断は、根源的には、この予想に反する問題の対象（ないしは事態）の不在ないしは欠如の経験によって可能となる。

　ここに指摘した論理と人間の知覚、空間認知、運動感覚、身体操作、等の経験との関係は、人間の心のメカニズムと認知能力・運用能力の相互関係に関する重要な知見を提供する。本書ではこの種の知見を背景に、日常言語の具体的な分析を通して、人間の思考、判断のメカニズムを特徴づける自然論理と文法のメカニズムの関係を体系的に考察していく。

5.　展望

　一般に言語学と論理学の研究は、学問的には独立した分野として位置づけられる。言語学者も論理学者も、この区分を前提として研究を進めている。この伝統的な研究の棲み分けの背後には、言語現象の記述・説明に際しては、音韻・形態、文法、意味、等に関わる現象は言語学プロパーの研究対象となるが、論理学が研究対象とする推論のプロセス、思考・判断のプロセスに関わる要因は考察の対象とはならない、という暗黙の前提が存在する。この点は、形式文法の研究（特に統語論の研究）から明らかである。形式文法のアプローチは、文法の中核を成す統語現象の考察に関しては、言葉の意味や運用からは独立した純粋に統語的な制約から一般的な記述・説明が可能であるという前提（i.e. 統語論の自律性の前提）に立っている[4]。

　本書の目的の一つは、具体的な言語現象の分析を通して、この形式文法

8

における統語論の自律性を前提とする言語学のアプローチの限界を示すことにある。本書では、統語論の自律性に基づく形式文法の限界を示す証拠として、照応現象をはじめとする重要な言語事実を指摘する。これまでの形式文法の研究では、照応に関する統語現象には、論理学が問題とする三段論法、等の演繹的な推論や語用論的な推論は関係せず、純粋に文法の統語的な制約に基づいて記述・説明が可能であるという前提で研究が進められてきている。これに対し本書では、照応現象、等の中核的な統語現象の分析を通して、演繹的推論やデフォールト的推論、誘引的推論をはじめとする語用論的な推論を考慮しない限り、記述・説明の一般化が不可能な言語事実を指摘する。またこの種の推論が、日常言語の背後に存在する自然論理の中核を成している事実を明らかにする。そして、この種の言語事実と推論事象の経験的な証拠に基づいて文法学（ないしは文法研究）と論理学の研究を統合する新たな言語学の研究の方向を探っていく[5]。

　本書では、さらに伝統的な記号論理学が前提とする形式論理と日常言語の背後に存在する自然論理の相互関係を明らかにしていく。基本的に記号論理学は、論理式を構成するシンタクスと推論規則によって構成される。記号論理学では、命題の意味内容は捨象され、論理的な推論のプロセスは、純粋に形式化された命題の記号表示に対する計算によって規定される。この形式的な推論の論理的な規定では、命題の意味内容に関わる人間の主観性、価値判断、等は捨象され、命題に付与される真理値と推論規則に基づく記号計算により形式的な推論プロセスが規定される。この点で、記号論理学は、人間の主観的な事態認知、価値判断、身体的な経験、等の要因は捨象される脱身体化された論理（disembodied logic）として位置づけられる。

　これに対し本書では、日常言語に基づく人間の思考、判断を特徴づける論理（i.e. 自然論理）との関連で、記号論理学に代表される形式論理の限界を明らかにしていく。ただし以下では、自然論理と形式論理が相容れない、排他的な関係にある論理であるという主張をするのではない。本書の考察からも明らかになるが、日常言語の自然論理の推論の中にも、演繹的

な推論が認められる[6]。また、形式論理が前提とする意味論は、モデル解釈に基づく真理条件的意味論を前提とし、この意味論は命題が反映する事態の真理判断を規定するが、日常言語の意味解釈にもこの種の事態の真理判断の一面が反映されている。

しかし、自然論理と形式論理の間には、少なくとも次のような本質的な違いが存在する。その一つは、前者の論理には、形式論理が規定する真理判断を越える、事態解釈に関わる人間の多様な認知プロセスが反映されているという点である。この種の認知プロセスの中には、図／地の分化と反転、焦点化、背景化、スキャニング、等の認知プロセスが含まれる[7]。さらに、日常言語を特徴づける自然論理には、比喩写像、イメージスキーマ形成、イメージスキーマ変換、メトニミー変換、等に関わる認知プロセスが反映されている[8]。この種の認知プロセスは、形式論理の世界とは異なる、極めて柔軟で創造的な人間の主観的な論理の世界を特徴づけている。本書では、日常言語の文法レベル、意味レベル、語用論レベルに関わる具体的な言語現象の分析を通して、自然論理の豊かで、創造的な論理の世界の諸相を明らかにしていく。また以上の考察を通して、人間の知のメカニズムの中核を成す思考、判断のメカニズムの重要な一面を明らかにしていく。

注

(1) 「自然論理」(natural logic) という用語は、1970年代の生成意味論 (generative semantics) の研究プログラムにおいても使われている (cf. Lakoff (1972))。しかし、生成意味論における自然論理は、モデル解釈的意味論 (model-theoretic semantics) を前提としている。これに対し、本書が前提とする自然論理は、この種の真理条件的な解釈モデルに基づく意味論は前提としていない。

(2) ここで指摘している命題論理の制約は、基本的に形式論理学のもう一つの論理である述語論理にも当てはまる。

(3) 以上の日常言語に関わる言語的な能力と認知能力、運用能力の具体的な考察に関しては、さらに山梨 (2009b) を参照。
(4) この統語論の自律性のテーゼは、次の点で形式論理学においても前提にされている。形式論理学では、基本命題とこれに基づく複合命題を規定するシンタクス (logical syntax) は、命題内容の意味とは独立に規定され、その意味解釈は、真理条件的なモデル意味論 (model semantics) によって解釈される。以上の形式論理学におけるシンタクスと意味解釈の関係は、次のように規定される。

〈形式論理学の解釈モデル〉

この点で、形式論理学におけるシンタクスは自律的であり、意味論からは独立している。以上の形式論理学の意味規定に関する批判的な考察に関しては、山梨 (2016: 2節) を参照。

(5) 推論に基づく間接照応の包括的な研究に関しては、山梨 (1992)(『推論と照応』くろしお出版)を参照。同書では、特に以下の各種の照応現象を体系的に考察している。

　　(i) 演繹的推論に基づく照応現象
　　(ii) デフォールト的推論に基づく照応現象
　　(iii) 誘引的推論に基づく照応現象
　　(iv) 会話の含意に基づく照応現象
　　(v) 間接的発話行為に基づく照応現象

また同書では、この種の照応現象の綿密な考察に基づき、統語論の自律性に基づく形式文法の記述・説明の限界を明らかにしている。

(6) この三段論法の演繹的推論に基づく言語現象の分析に関しては、山梨 (1990: 22–23) および本書の第 6 章を参照。
(7) この種の認知プロセスに基づく自然論理のメカニズムの考察に関して

第1章　序章　　11

は、本書の第4章を参照。

（8）　この種の創造的な認知能力に基づく自然論理の考察に関しては、本書
の第5章を参照。

第2章

形式論理と自然論理

1. 日常言語と形式論理

　一般に、日常言語は多義的で飛躍的な思考に満ち、数理言語や形式言語の論理性に欠けている、という見方がなされる。しかしこの種の言語観は、数理言語（ないしは形式言語）を規定する論理性の概念を暗黙の前提とする言語観である点に注意する必要がある。日常言語には、この種の言語の論理性を越える、きわめて柔軟な論理（すなわち自然論理）が存在する[1]。この自然論理の柔軟性が、日常言語の意味の創造性、コミュニケーションの創造性と効率性を可能としている。

　省略や飛躍的な思考に満ちている日常言語には、一見したところきわめて非論理的な表現が広範に見られる。この種の言語表現が論理的な表現から逸脱しているように見える一因は、表現主体としての話し手（ないしは書き手）の認知プロセスにある。日常言語の表現主体は、外部世界ないしは内面世界を科学的な言語のように客観的に表現するのではなく、主観的な事態把握の認知プロセスを介して表現していく。換言するならば、日常言語の表現には、言語主体のさまざまな主観的な認知プロセスが反映されている。

　一方、科学の分野で使われる数理言語や形式言語は、この種の人間の事態把握に関わる主観的な認知プロセスは捨象されている。科学の分野で表現手段として使われる言語は、このような主観的な認知プロセスとは独立し、自然界を客観的に記述する言語として位置づけられている。この種の

言語は、事態の記述に関し、真偽の論理的な判断が客観的に可能な言語と見なされている。一般に言葉の論理性は、客観的な真偽の判断が可能か否かという基準によって決められる。この種の基準から見るならば、事態把握に対する認知プロセスを反映する日常言語は、論理性に欠ける主観的な言語と見なされることになる。しかし論理性に関するこの種の見方は、形式言語（ないし科学言語）の客観性の基準から見たきわめて一面的な見方である。言語主体の主観的な認知プロセスを反映する言語表現は、一見したところ非論理的な表現に見えるが、この種の言語表現の伝達機能を厳密に分析していくと、事態の真偽判断に関し重要な役割を担っている事実が明らかになってくる。

　本章では、日常言語の多様な言語表現の論理性と主観性の問題を考察していく。この考察を通して、日常言語が、形式言語の論理性を越える、きわめて柔軟で創造的な論理の機能を担っている事実を明らかにしていく。

2.　論理学と真偽の世界

　論理学は、真偽の判断と推論のプロセスを規定する思考のシステムである。基本的に真偽の判断がなされる基本レベルは、命題（proposition）である。命題論理学（propositional logic）は、真偽の判断に関わる論理的な計算を規定するシステムであり、各種の論理学のモデルの中でも中心的な役割を担っている[2]。

　命題論理学では、基本的に命題の意味内容は捨象し、真偽に関する判断だけを問題にする。命題論理学を形式的に規定していく際には、真か偽の値をとる基本命題を記号化し、これらの基本命題を論理結合子によって結合し複合命題を構成していく。論理結合子は、∧（連言）、∨（選言）、〜（否定）、→（含意）、↔（同値）として記号化される。これらの結合子は、それぞれ日常言語の「かつ」、「または」、「でない」、「ならば」、「と同値である」という表現に対応する。例えば、基本命題のPとQからは、以上の論理結合子に基づいて、次のような複合命題の規定が可能となる。

第2章　形式論理と自然論理　15

表1

論理結合子		複合命題
連言 ∧	P ∧ Q	（P かつ Q）
選言 ∨	P ∨ Q	（P または Q）
否定 ～	～P	（P でない）
含意 →	P → Q	（P ならば Q）
同値 ↔	P ↔ Q	（P は Q と同値）

　これらの複合命題の真理値は、基本命題の真理値に基づいて規定される。例えば、論理積（i.e. 連言）の論理結合子に基づいて構成される複合命題（P ∧ Q）の真理値は、P と Q がともに真（T）のときに限り真（その他の場合は偽（F））として規定される（表2）。

表2

P	Q	P ∧ Q
T	T	T
T	F	F
F	T	F
F	F	F

論理和（i.e. 選言）の論理結合子に基づいて構成される複合命題（P ∨ Q）の真理値は、P と Q の少なくともいずれかが真の場合は真、双方が偽の場合は偽と規定される（表3）。

表3

P	Q	P ∨ Q
T	T	T
T	F	T
F	T	T
F	F	F

他の論理結合子に基づいて構成される複合命題の真理値も、これを構成す

る基本命題の真理値と当該の論理結合子の関数として規定される。

　真理条件の規定に基づく命題論理学は、形式論理に基づく推論、判断の
プロセスの中核を成す思考システムとして重要な役割を担っている。この
命題論理学が規定する論理的な思考は、日常言語に基づくわれわれの思考
プロセスの重要な側面を特徴づけている。しかし、後者の思考の世界に
は、この種の真理条件的な規定に基づく論理とは異なる、多分に主観的で
柔軟な論理（i.e. 自然論理）の思考プロセスが認められる。本章では、形
式論理学の中核を成す命題論理学の真理条件的な論理からは予測できな
い、日常言語における自然論理の諸相を考察していく。

3.　自然論理の否定と言葉の主観性

　命題論理学は、形式論理学において中心的な役割を担う論理の一種であ
るが、命題論理学の論理計算に関わる否定（〜）は、命題の真理値を真か
ら偽あるいは偽から真に反転する機能を担っている。この種の否定は、日
常言語における思考、判断の論理性を特徴づける際にも重要な役割を担っ
ている。しかし日常言語の否定の意味は、命題レベルの真偽に関わる意味
を越える多様な主観的意味を内包している。本節では、後者の主観的意味
に関わる日常言語の否定表現の一面を考察していく。

3.1　二重否定の論理と意味の主観性

　論理学において、否定（〜）は命題の真と偽を反転する論理演算の操作
である。したがって、命題Pが真の場合には命題Pの否定は偽であり、
逆に命題Pが偽の場合には、命題Pの否定は真である。この関係は、次
の真理表によって規定される。

第2章　形式論理と自然論理　　17

表4

P	〜P
T	F
F	T

　この否定の規定に従うならば、二重否定の命題（〜〜P）（すなわち命題Pの否定の否定）は、二重否定の法則（Law of Double Negation）により命題Pと同値の関係にある（i.e. 〜〜P = P）。

　この関係は、次の真理表に示される。

表5

P	〜（〜P）
T	T
F	F

二重否定の論理は、当該の命題の肯定の表現とこの命題の否定を否定した表現は、真理条件的には同値であることを前提としている。この二重否定の論理は、日常言語の次のような文の対に認められる。

1. a. 太郎はその事実を認めている。
　　　　＝太郎はその事実を否認していない。
　 b. 彼女は出席している。
　　　　＝彼女は欠席してはいない。
　 c. あの子犬は生きている。
　　　　＝あの子犬は死んではいない。

ただし、1の二重否定の表現に関しては次の点に注意する必要がある。これらの二重否定の表現は、肯定の表現に対し、論理結合子の否定（〜）に対応する表現（この場合、日本語の否定辞（「ない」））が繰り返されていない点に注意する必要がある。1の対の二重否定の表現の否定に関わる表

現の一部は、「否認」、「欠席」、「死ぬ」という表現である。これらの表現は、確かに論理的には否定を意味するが、論理的な否定の結合子に対応する否定辞ではない。この種の否定表現ではなく、論理結合子の否定に対応する否定辞の「ない」を繰り返す表現としては、2のような表現が考えられる。

2. a. （？）太郎はその事実を認めなくはない。
   b. （？）彼女は出席していなくはない。
   c. （？）あの子犬は生きていなくはない。

2のタイプの二重否定の表現は、日本語として文法的には可能な表現ではあるが、自然な二重否定の表現ではない。ただし、3、4のように、否定辞の「ない」が繰り返される二重否定の表現を修辞的に使うことは可能である。

3. a. 彼は賢くなくはない。
   b. 貴方が好きでなくはない。
   c. その行動は適切でなくはない。
4.   男：僕のこと愛してる？
      女：愛してなくはないわ。

二重否定の「ない」が繰り返されるこの種の表現は可能である。しかし論理的に見た場合、この種の否定表現は、肯定の命題の二重の否定を意味する表現ではない。例えば、3のaの文は、彼が賢いを意味するのではなく、彼はある程度賢い（あるいはバカではない、等）を含意する表現として解釈される。すなわちこのタイプの表現は、論理的な二重否定の表現ではなく、肯定の命題の真実性に対する部分的な否定性（ないし部分的な肯定性）を含意する表現である。基本的に同様の点は、3のb、cの表現と4の女の台詞に関しても当てはまる。

第 2 章　形式論理と自然論理　　19

3.2　否定と緩叙法の論理

　以上にみた二重否定の表現は、緩叙法（litotes）の修辞的な表現効果の問題にも密接に関係する。緩叙法の基本的な機能は、1 に示されるように否定的な表現をさらに否定することにより、婉曲性、間接性、迂回性といった含みのある修辞的な効果を示す点にある。

　　1. a.　まずくはない。
　　　 b.　悪くはない。
　　　 c.　嫌いではない。

この種の表現は、否定的な叙述（e.g.「まずい」、「悪い」、「嫌い」）をさらに否定することにより最終的に叙述の否定性を緩和する表現であり、この点で婉曲的な表現の一種として機能している。

　ただしこれは緩叙法の機能の一面である。緩叙法には、2 の例に見られるように、強調の意味を、否定的表現のさらなる否定の叙述を介して間接的に伝える機能も認められる。

　　2. a.　まずい訳がない！
　　　 b.　悪いはずがない！
　　　 c.　嫌いな訳がない！

2 の a～c の表現は、修辞的には、それぞれ 3 の a～c を間接的に意味している。

　　3. a.　うまい！
　　　 b.　良い！／いい！
　　　 c.　好き！

同様に 4 の a～c の表現は、修辞的には、それぞれ 5 の a～c を間接的に意

味している。

4. a. Not bad.
   b. I shan't be sorry.
   c. I was not a little upset.
5. a. Pretty good.
   b. I shall be very glad.
   c. I was very upset.

　基本的にこの種の緩叙法の表現は、強意的な肯定を意図する際に、修辞的な効果を狙い、あえて否定的な表現の二重性を介して意味の反転を可能とする表現として機能している。

　ただし、緩叙法における最初の否定の部分には、以上の例に見られるように、否定辞（「ない」）ではなく、「まずい」、「悪い」、「嫌い」、bad、sorry、等の否定的な叙述表現が関わっている。2と4のタイプの緩叙法は、この種の否定的な叙述表現とこれを修飾する否定辞（「ない」／not）の複合的な叙述に基づいている。この点で、2、4のタイプの緩叙法の表現は、否定辞（「ない」／not）の繰り返しから成る二重否定の表現とは異なる。

　しかし次の例のように、二重否定の表現の中にも以上のような強意的な肯定を修辞的に含意する表現が存在する。

6. a. 彼の名を知らない人はいない。
   b. 彼女を思い出さずにはこの写真を見ることはできない。
   c. あの政治家のことを悪く言わない人はいない。
   d. 人は愛なしに生きることはできない。
   e. 例外のない規則はない。
7. a. There is nobody who doesn't know his name.
   b. I cannot see this picture without remembering her.

c. There was no one who did not speak ill of the politician.

d. Nobody lives without love.

e. There is no rule but has some exceptions.

6、7 の二重否定の表現は、それぞれ 8、9 の強意的な肯定の意味を修辞的に含意する。

8. a. 彼の名は誰でも知っている。

b. この写真を見ると必ず彼女を思い出す。

c. 皆あの政治家のことを悪く言う。

d. 人は愛によってのみ生きることができる。

e. 規則には必ず例外がある。

9. a. Everybody knows his name.

b. Whenever I see this picture, I remember her.

c. Everybody speaks ill of the politician.

d. Only with love can one live.

e. Every rule has some exceptions.

この種の二重否定の例は、諺にも見られる。例えば、It never rains but it pours という諺は、「降れば土砂降り」に相当する強意的な意味を修辞的に含意している。ただし、前者の英語の諺の否定の一部は明示的ではなく、but 節に含意されている。否定の一部が含意されている二重否定の表現としては、さらに Don't fail to let me know your homepage address が挙げられる。この表現は Be sure to let me know your homepage address を修辞的に含意する。この二重否定の場合には、動詞の fail が間接的な否定の表現として機能している[3]。

3.3　否定の論理的強度

　認識や思考に関わる動詞のグループ（e.g. think/「思う」、believe/「信

22

じる」、等）の補文の否定辞は、主文の位置に繰り上げられても基本的に真理値は変わらない。1のa〜cの文は、この点で真理条件的にはパラフレーズの関係にあると言える（Horn 1989: 316）。

  1. a.　I think she's unhappy.
     b.　I think she's not happy.
     c.　I don't think she's happy.
  2.〈否定の相対的な強さ〉
       { a > b > c }

しかし、2に示されるように、否定の相対的な強さは厳密には異なる。1のa、bの例のように、補文の中に否定辞がある方が、cのように主文に否定辞がある場合より補文の述部の意味内容に関する否定性は強い。また、補文に否定辞があるaとbの場合は、形態的に否定辞が述語に組み込まれているaの方が、否定辞が述語と離れているbよりも否定性は相対的に強い。否定性の判断に関する同様の違いは、3の日本語の例に関しても当てはまる（山梨 1995: 135）[4]。

  3. a.　彼は［不］-幸せだ と思う。
     b.　彼は 幸せで［ない］と思う。
     c.　彼は 幸せだとは 思わ［ない］。

　Horn (1989) は、1の例の否定性の違いだけでなく、4のa〜dに示されるような否定辞の表層レベルの位置が、さらに否定の強さの解釈に影響を与える事実を指摘している（ibid.: 316）[5]。

  4. a.　I think she's not happy.
     b.　I think she isn't happy.
     c.　I do not think she's happy.

d.　I don't think she's happy.

4の例では、否定辞の表層レベルにおける右から左への移動の距離が問題
になる。この場合、否定辞が形容詞、be- 動詞、本動詞のどの述語に近い
かによって否定性の判断が厳密には異なる。この種の否定辞の言語レベル
の物理的な分布関係は、記号と意味の相関関係の一面を示していると言え
る。

　形式論理学においては、以上に考察した日常言語の否定表現の伝達機
能、修辞性、主観性、等に関わる違いは捨象されている。基本的に形式論
理の否定の機能は、命題の真偽の反転の機能に限定される。ここに、自然
論理と形式論理の本質的な違いが存在する。

4.　等位関係の論理と言葉の主観性

　命題論理学の真理値の計算において重要な役割を担う論理結合子（∧）
は、等位関係により構成される複合命題（P ∧ Q）の真理値の計算を規定
する結合子である。しかし、日常言語における等位表現は、この種の論理
結合子の真理条件的な意味に関わるだけでなく、われわれの主観的な思
考、判断に関わる語用論的な意味をも内包している。

4.1　交換法則の論理と等位関係の主観性

　論理学の世界では、論理積（∧）により構成される複合命題（P ∧ Q）
は、命題P、Qの真理値の双方が真の場合に限りP ∧ Qの真理値は真と
なる。さらに、この論理積に基づく複合命題（P ∧ Q）は、交換法則によ
りQ ∧ Pと同値である。したがって論理的には、P ∧ Qの複合命題とQ
∧ Pの複合命題のいずれも、P、Qの真理値の双方が真の場合には真であ
る。

　1.　　　$P \wedge Q \Longleftrightarrow Q \wedge P$　（交換法則）

この論理積の交換法則に従うならば、2〜4のa、bの複合命題から成る表現は、論理的に同値の関係にある。また、この交換法則に従うならば、意味的に2〜4のa、bの表現は同意表現ということになる。

2. a. 空は晴れていた。そして芝生は濡れていた。
   b. 芝生は濡れていた。そして空は晴れていた。
3. a. 太郎が笑った。そして次郎が泣いた。
   b. 次郎が泣いた。そして太郎が笑った。
4. a. 林がざわめいた。そして小鳥が飛び立った。
   b. 小鳥が飛び立った。そして林がざわめいた。

確かに、命題論理学が前提とする真理条件的な意味論の観点から見るならば、2〜4のa、bの表現に対しては、論理的には同値の判断が下される。例えば、2の場合、a、bのいずれの表現も、空が晴れ、芝生が濡れていたならば真である。そして、これらの事態の双方ないしは一方が成立していない場合には、a、bのいずれの等位表現も偽である。この点で、論理結合子（∧）とこれに対応する日本語の「そして」は、真理条件的には同じ論理的な機能を担っている。

　しかし、等位関係を示す日本語の「そして」には、以上の真理条件的な意味だけでなく、等位表現を使用する言語主体の知覚、記憶の想起、因果推論、等に関わる主観的な要因が密接に関わっている。

　例えば2の場合、言語主体がaの文を発する場合には、まず空が晴れているという事態を知覚し、その後に芝生が濡れているという事態を知覚したという含意が語用論的に誘引される。これと対照的にbの場合には、主体がまず芝生が濡れている事態を知覚し、次に空が晴れている事態を知覚したという含意が語用論的に誘引される。2のa、bの文は、さらに過去に生起した複数の事態ないしは事象を想起する際の順序の違いの点でも異なる。すなわち、2のa、bの文は、空が晴れていたという事象と芝生が濡れていたという過去の事象のどちらを先に思い出して言語化するかの順

序の違いを反映している文として理解することも可能である。この想起の順序の違いが認められる場合には、この二つの等位表現の文は、厳密な意味で同意表現とは言えない。また、3、4のa、bの文は、少なくとも真理条件的には同値の表現である。しかしこれらの文は、問題の二つの等位節の示す事象のどちらが原因で、どちらがその結果なのかに関する違い（すなわち因果関係の違い）を反映する文として理解することも可能である。この因果関係の主観的な解釈の視点から見るならば、3、4のa、bの文は、厳密な意味で同意表現とは言えない。

　以上の点から、少なくとも上記の2〜4のタイプのa、bの等位表現に関しては、P、Qの事態（ないしは事象）の主観的な認知に関し、次のような違いが認められる。

　P、Qの知覚の順序の違い
　P、Qの想起の順序の違い
　P、Qの因果関係の順序の違い

日常言語の「そして」（ないしはこれに相当する等位接続詞）には、事態（ないしは事象）に関するこの種の主観的な認知の要因が関わっている点で、形式論理学の論理結合子（∧）とは異なる。もちろん、日常言語の等位表現に関しても、この種の認知的な要因に関わる含意が文脈抜きで絶対的に誘引されるわけではないが、一般的にこのような主観的な意味の違いが誘引されるのは自然である。

4.2　言葉の論理と知覚の一体性／分離性

　日常言語の一般的な傾向として、P∧Qのタイプの等位表現は、PとQの間に表現上の重複が認められる場合には等位的な縮約表現が使われる。例えば、「太郎がダンスをし、花子がダンスをした」という代わりに、「太郎と花子がダンスした」という等位的な縮約表現を使うことも可能である。この二つの表現は、実際に太郎と花子の両者がともにダンスをしたと

いう事実が成立しているならば、真理条件的にはパラフレーズの関係にあり同意表現と見なされる。

しかし状況によっては、これらの等位表現は異なる場面の叙述に使われる。例えば、太郎と花子が一緒にダンスした状況では、前者のタイプの表現（「太郎がダンスをし、花子がダンスをした」）は不適切である。このタイプの表現は、太郎と花子が別々にダンスしたという状況で使われる方が自然である。太郎と花子が一緒にダンスした場合には、むしろ後者の等位縮約のタイプの表現（「太郎と花子がダンスした」）を使う方が自然である。

この種の等位表現の用法の基本的な違いは、Bolinger (1977)、Haiman (1983) の指摘する1〜4のタイプの対の意味解釈の違いによって裏づけられる。

1. a. George came in the room and turned off the lights.
   b. George came in the room and he turned off the lights.

   (Bolinger 1977: 7)

2. a. the ability to read and write letters
      [= a letter-reading-and-writing ability]
   b. the ability to read and to write letters
      [= a reading ability plus a letter-writing ability]　　　(ibid.)

3. a. We can do it quickly and well.
   b. We can do it quickly and we can do it well.　　(Haiman 1983: 808)

4. a. John and Mary Smith are employees of this company.
   b. John Smith and Mary Smith are employees of this company.

   (ibid.)

1のaは、二つの行為が連続的に一体化して為された状況で使われる表現として適切であるが、1のbには必ずしもこの種の制約は認められない。後者の場合には、問題の二つの行為が異なる時点でなされた状況でも使わ

れる。2のaは、読み書きの能力が一体化している場合、bは読む能力と字を書く能力が一体化されていない場合の表現として使われる。等位表現に関わるこの種の違いは、3、4のa、bの対にも当てはまる。

4.3　言葉のイコン性と論理

　言葉による記号化の背後には、一般に次のような時空関係に関する表現原理が存在する。その一つは、対象物の配置関係をできる限り直接的に反映する形で表現するという〈空間関係の表現原理〉（表6の(i)）、もう一つは、事象の生起順序をできる限り直接的に反映する形で表現するという〈時間関係の表現原理〉（表6の(ii)）である（cf. 山梨 1995: 137）。

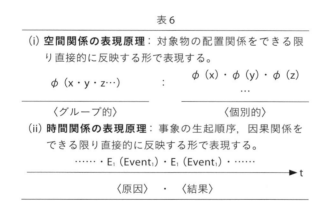

　もちろんこの種の原理は、外部世界に対する主体の知覚のプロセス（ないしは認知のプロセス）に矛盾しない形で、問題の対象や事象をより直接的に記号化し伝達していくための一つの目安であり、日常言語で常にこの種の原理が守られる訳ではない。語順の倒置、組みかえ、等の現象に見られるように、この種の原理に反する言語表現も広範に存在する[6]。
　表6のタイプの原理を、与えられた言語表現の意味を汲み取っていく際の解釈原理の一種と考えるならば、何故ある言語形式からある種の含意が誘引されるかに関する一般的な傾向が予測できる。前節の1〜4の例に見

たように、一般に縮約的な等位構造の表現は〈グループ的〉な解釈（ϕ(x・y・z…)）、縮約化されていない表現は〈個別的〉な解釈（ϕ(x)・ϕ(y)・ϕ(z)…）になる傾向が認められる。（ここでは、x, y, z …は主語、ϕは述部を示すものとする。）これは、縮約的な等位構造の表現は、統一的なまとまりをもった対象世界の知覚・認知のプロセスを反映し、縮約化されていない表現は、個別的な対象の知覚・認知のプロセスを反映する傾向があるからである[7]。

　この点から見るならば、〈時間関係の表現原理〉との関連で、事象の因果関係の解釈に関する日常言語の一般的な傾向を予測していくことが可能になる。日常言語の表現の中には、二つの事象の言語化の順序が、その事象間の因果関係の解釈に影響を与える例が数多く見られる。

　次の例を考えてみよう。

1. a.　彼はピンクフロイドを聴いて、頭がおかしくなった。
   b.　彼はピンクフロイドを聴いたのが原因で、頭がおかしくなった。
2. a.　彼は頭がおかしくなって、ピンクフロイドを聴いた。
   b.　彼は頭がおかしくなったので、ピンクフロイドを聴いた。
3. a.　彼はピンクフロイドを聴いて、頭がおかしくなった。
   　　　でも、その音楽が頭がおかしくなった原因ではない。
   b.　彼は頭がおかしくなってからピンクフロイドを聴いたが、
   　　　頭がおかしくなったからその音楽を聴いた訳ではない。

文脈によって特別に断わりのない場合、一般に1、2のaからはbの含意が誘引される。この種の含意は、厳密には語用論的な含意であり、文脈によっては却下することが可能である。従って、1、2のaの文に、この種の含意を否定する3のような文脈を付加しても矛盾文にはならない。しかし、このような文脈が明示されない限り、1、2のaのタイプの表現からbのタイプの含意が誘引されるのは自然である。

　この種の例から明らかなように、一般にある事象Pを述べた後Qの事

第2章　形式論理と自然論理　　29

象が述べられる場合、PがQの原因になっていると解釈するのは自然で
あるが、この種の含意は、日常言語のイコン性に起因する意味解釈の一般
的な傾向として理解することができる。

5.　選言の論理と解釈の主観性

　2節で見たように、形式論理学では、選言（∨）の論理結合子に基づい
て構成される複合命題（P∨Q）の真理値は、PとQの双方が真ないしは
P、Qのいずれかが真の場合は真、双方が偽の場合は偽と規定される（表
7）。

表7

P　Q	P∨Q
T　T	T
T　F	T
F　T	T
F　F	F

　このタイプの選言は、包含的な選言（Inclusive Or）としての論理的な機
能を担っている。例えば、「この料理にはコーヒーかデザートがついてい
る」という文が包括的な選言に基づいているならば、この文は、コーヒー
とデザートのどちらかを注文してもいいし、コーヒーとデザートの両方を
注文してもいいという解釈が論理的には可能になる。換言するならば、こ
の文が包括的な選言に基づく表現であるならば、注文に際しコーヒーとデ
ザートの両方を注文してもクレームをつけられることない。

　しかし、日常言語の選言に関わる表現としてこのタイプの文を解釈する
場合には、通常はコーヒーかデザートのどちらか一方だけの注文が可能と
いう解釈になる。この種の解釈に基づく選言の論理結合子に関しては、次
のような排他的な選言（Exclusive Or）の真理条件の規定が与えられるこ
とになる（表8）。表8の∨eは、排他的な選言の論理結合子を示す。

表8

P	Q	P ∨e Q
T	T	F
T	F	T
F	T	T
F	F	F

表7と表8の真理表から明らかなように、包括的な選言と排他的な選言の基本的な違いは、PとQの双方が真の場合にP∨Qの複合命題が真になるか偽になるかにある。前者の包括的な選言の場合には、問題の複合命題（P∨Q）は真である。これに対し、後者の排他的な複合命題の場合には、問題の複合命題（P∨Q）は偽である。上で述べたように、形式論理は基本的に包括的な選言に基づいているが、日常言語の選言に関わる表現の場合には、通常、排他的な選言の解釈が自然である。

この点は、次のような表現からも確かめられる。

1. a. 彼は、A社かB社に就職するつもりだ。
   b. 彼女が今月結婚するのか来月結婚するのか、僕には分からない。
   c. その犯人が船で逃げたのか車で逃げたのか、教えて欲しい。
2. 不法投棄をした者は、廃棄物処理法により、3年以下の懲役若しくは50万円以下の罰金に処せられます。
3. To be, or not to be—that is the question:
   Whether 'tis nobler in the mind to suffer
   The slings and arrows of outrageous fortune,
   Or to take arms against a sea of troubles,
   And by opposing end them?　　　　　　　　（*Hamlet*: III. i. 57–61）

1の場合、現実的に複数の会社に就職することは不可能、また異なる月に同時に結婚することは不可能である。したがって、1のa、bの文は、排他的な選言文の解釈になるのが自然である。1のcの文の場合、状況によ

っては犯人が船と車の二つの手段を使って逃げる状況が考えられない訳ではない。例えば、連絡船の船に逃走中の車と共に乗って逃げる場合も考えられる。しかし、1のcの文を発する際に、このような特別な状況が明示されないでこの文が単独に発せられる場合には、常識的に犯人は船か車のどちらかで逃走したと解釈するのが自然である。基本的に同様の排他的な選言の解釈は、2の罰金の警告文、3の冒頭のハムレットの台詞（"To be, or not to be—that is the question"）に関しても当てはまる。

　ただし日常言語にも、包括的な選言の解釈が可能な事例も存在する。例えば、3の求人広告と4の台詞を考えてみよう。

　3.　a.　中国語か韓国語の話せる方を募集しています。

　　　b.　当社では、パソコンかワープロの操作ができる方を募集中です。

　4.　結婚を前提に付き合うなら美男子かお金持ちがいいよね。

3aの場合、中国語ないしは韓国語が話せる人は採用の条件を満たしているが、このどちらかの言葉を話せる人だけが募集の条件にあうとは限らない。仮に中国語と韓国語の両方が話せる人が応募してきた場合にも、採用される可能性はある。同様に、bの場合、パソコンかワープロの操作のどちらかができる人だけでなく、この両方の操作ができる人も採用の可能性があると言える。この点で3のa、bは、いずれも包括的な選言に基づく表現の一種と見なすことも可能である。4は、一見したところ、結婚を前提に付き合う男性は美男子かお金持ちのどちらかを意味しているように見える。しかし、もし美男子でお金持ちの人物が現れた場合、この人物が結婚を前提に付き合う人の候補から除外されるとは限らない。むしろ喜ばれる可能性もある。したがって、4の例も包括的な選言に基づく表現の一種と見なすことも可能である。

　以上の日常言語の選言に関する言語表現は、基本的に陳述の発話機能に関わる平叙文の選択肢が選言の関係によって表現されている例である。日常言語には、この種の例のほかに、さらに選択肢の表現に命令文が関わる

次のような表現も考えられる。

5. a. Don't move or I'll shoot you.
   b. Don't come any closer or I'll roar.
   c. Don't scream or I'll kill you both.
   d. Don't touch me or I'll dive.

基本的に選言を示す文の場合には、選択肢に関わる表現には同じ統語的な単位がくるが、5のタイプの例では、orによって結びつけられる選択肢のうちの一方は命令文、もう一方は平叙文になっている。この点で、5のタイプの選言に関わる表現は特殊であるが、この種の構文は、論理的にはそれぞれ6のタイプの条件文と同値である。

6. a. If you move, I'll shoot you.
   b. If you come any closer, I'll roar.
   c. If you scream, I'll kill you both.
   d. If you touch me, I'll dive.

換言するならば、5と6のタイプの文には、論理的に7に示される同値関係が成り立っている。

7. $[\sim P \text{ or } Q] \equiv [\text{If P, then Q}]$

5の選言を示す構文の場合には、orによって結びつけられる文の一方が命令文、他方は平叙文である。これに対し、8の場合には、orによって結びつけられる双方の文が形式的には命令文の文型になっている。

8. Take me to bed or lose me forever.
9. Carole: Hey, Goose, you big stud!

第 2 章　形式論理と自然論理　　33

Goose: That's me, honey.

Carole: Take me to bed or lose me forever. (=8)

Goose: Show me the way home, honey.

（映画： *Top Gun* , 1986）

8 は、9 に示される映画の台詞として使われている洒落た表現であるが、論理的には、この文も、10 の条件文の構文にパラフレーズすることが可能である。

10. If you do not take me to bed, you will lose me forever.

8 のタイプの選言表現は、語用論的な観点から見た命令文の発話の力を考える場合に特に興味深い。一見したところ、8 の or よって結びつけられている二つの文は、文型から見て〈命令〉の発話の機能を担う文のように見える。8 の場合、先行文の方は意図性が関わる take という動詞を伴う命令文であり、この種の遂行機能を担う文と解することが可能である。しかし、後続文の動詞の lose は、基本的には意図性に関わる動詞ではない。したがって、8 の文は統語的には（i.e. 文型としては）命令文であるが、この選言文それ自体を命令の発話と解するのは適切ではない。上に述べたように、8 は、10 の条件文にパラフレーズすることが可能である。この点を考慮するならば、一見したところ命令の発話機能を担っているように見える 8 の後続文（i.e. … lose me forever）は、10 の条件文の帰結文の陳述の機能を担う表現として理解される。

6.　条件法の論理と言葉の主観性

　形式論理学における条件文（P → Q）という複合命題の真理値は、前件 P が真で後件 Q が偽の場合には偽であり、他の場合（すなわち P が真で Q が真、P が偽で Q が真、P が偽で Q が偽）の場合には真であると規定

される。この条件文の真理値の規定は表9に示される。

表9

P	Q	P→Q
T	T	T
T	F	F
F	T	T
F	F	T

　この形式論理学の条件文の真理規定は、必ずしも日常言語の条件文に関わる推論と一致しない。両者の違いは、前件Pと後件Qの命題内容に関する意味的な関連性（relevance）の有無にある。形式論理学の場合には、前件Pと後件Qの命題は、必ずしも意味的に関連している必要はない。例えば「空が青いならば、芝生は緑である」、「1足す1が2ならば、地球は丸い」のような文を考えてみよう。この種の文は、前件と後件の命題の間に意味的な関連性を見いだし難いという点で、日常言語としては自然な表現ではない。しかし、形式論理学の真理条件に基づく規定では、これらの条件文の前件が真で後件が偽である場合を除くならば、この種の条件文は真として規定される[8]。

　日常言語の条件文は、推論の主観性の点から見ても形式論理の条件文とは異なる。その一例としては、次のような主観的な推論が挙げられる。

　1. a.　PならばQである。
　　　　　　↓
　　　b.　Pではないなら、Qではない。

このタイプの主観的な推論は、典型的には次のような推論に見られる。

　2. a.　今度の試合に勝つなら、新車を買ってあげる。

　　　　　　↓
　　b.　今度の試合に勝たなければ、新車は買ってあげない。
　3.　今度の試合に勝つなら新車を買ってあげる。でも、今度の試合に勝
　　　たなくても新車は買ってあげる。

　日常言語の会話では、一般に2のaの発話から、bのように推論するの
は自然である。しかし、この種の推論は論理的な推論ではない。この点
は、3から明らかである。一般に、日常会話において2のaの発話を聞く
ならば、bのように解釈するのは自然であるが、2のaの発話（「今度の試
合に勝つなら、新車を買ってあげる」）に対し、さらに「でも、今度の試
合に勝たなくても、（いずれにせよ）新車は買ってあげる」という台詞が
続くことは可能である。従って、2のaからbへの推論は、論理的には妥
当な推論ではない。
　この種の推論（2のaからbへの推論）は、前件否定の誤謬に基づく主
観的な推論である。Geis and Zwicky (1971) は、このような主観的な推
論を誘引的推論（invited inference）と呼んでいる。この種の推論が誘引さ
れるのは、基本的に2のaの条件文の前件は、単なる十分条件としてでは
なく、必要十分条件として主観的に解釈されることに起因する。Geis and
Zwicky (1971) は、この種の主観的な解釈の例として、次の各対の文にお
ける、aからbへの主観的な推論を挙げている (ibid.: 561–562)。

　4.　a.　If you mow the lawn、I'll give you five dollars.
　　　　　　↓
　　　b.　If and only if you mow the lawn I'll give you five dollars.
　5.　a.　If you work hard, you'll succeed.
　　　　　　↓
　　　b.　If and only if you work hard, you'll succeed.

以上の前件否定に基づく推論を、単に論理的な推論から逸脱した誤謬と

見なすのは妥当ではない。4、5に見られるような誘引的推論は、われわれの日常生活における経験に起因する主観的で自然な推論の一種と考えられる。日常生活においては、例えば、芝生を刈るなら5ドルあげるという条件的な約束をする主体が、芝生を刈らなくても5ドルあげる状況は経験的になかなか考え難い。また、一生懸命に働くならば成功する確率の方が、一生懸命働かなくても成功する確率よりも高いという経験を、われわれは通常の日常生活から得て生活している。このような日常生活の経験を考慮するならば、誘引的推論はきわめて効率的で、戦略的な推論の一種として機能していると言える[9]。

形式論理学における条件文（「PならばQである」／"If P, then Q."）の前件Pは、後件Qを論理的に限定する。日常言語における基本的な条件文の場合にも、通常、前件Pは後件Qを論理的に限定する。この関係は、表10に示される。

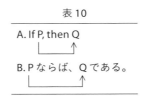

表10

しかし日常言語の条件文には、このような前件と後件の論理的な関係からは予測できない条件文が存在する。その典型例は、6、7に示される。

6. a. 喉が渇いているなら、冷蔵庫にジュースがあるよ。
   b. お疲れでしたら、そこにソファーがあります。
7. a. If you don't mind, lend me your car.
   b. Your slip is showing, in case you are not aware of it.

6、7の条件文の前件は、一見したところ、これに後続する文を論理的に限定しているように見える。しかしこの種の条件文は、論理的には表層レ

ベルに現れている後件の文の背後に認められる発話機能に関わっている。例えば6のaの前件は、表層レベルの後件の文と論理的に関係しているのではなく、この後件の文の背後に認められる発話の力ないしは発話行為（この場合には、冷蔵庫のジュースを飲むことを薦める発話行為）に関係している。基本的に同様の前件と後件の関係は、6のbの条件文に関しても当てはまる。

6のa、bの文が通常の条件文と異なる点は、さらにこれらの条件文に対する対偶を考えた場合に明らかになる。もし6のa、bの条件文が通常の条件文であるならば、その対偶はそれぞれ8のa、bになるはずである。

8. a. *冷蔵庫にジュースがないならば、（あなたは）喉が渇いていない。
   b. *そこにソファーがないなら、（あなたは）疲れていない。

しかし、この種の対偶の条件文は、明らかに6のa、bの条件文としては不適切である。

6の日本語の条件文と同様、7の英語の条件文も通常の条件文ではない。6の例と同様、7の条件文の後件は、発話行為の遂行に関わっている。一見したところ、7のa、b条件節は、9に示されるように表層レベルの主節と論理的に呼応しているように見えるが、これは適切な解釈ではない。

9. a. *If you don't mind, [lend me your car].

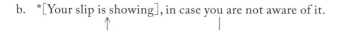

   b. *[Your slip is showing], in case you are not aware of it.

7のa、bの条件節は、10に示されるように、主節を統率している依頼（request）、陳述（statement）の発話行為の部分と呼応関係にある（cf. 山梨 1986：59–60）。

10. a. *If you don't mind, [I REQUEST YOU [you lend me your car]].

　　b. [I TELL YOU [your slip is showing]], in case you are not aware of it.

基本的に、相手に何かを依頼する場合、相手がその依頼を快く引きうけて
くれる保証はない。依頼する内容によっては、相手が嫌がったり、断る可
能性もある。7のaの条件文の前件は、依頼に際してのこの種の懸念を確
認するための（ポライトネスに関わる）配慮表現の一種として機能してい
る。また一般に、相手に何かを知らせたり教えたりする際には、相手にそ
の情報が欠如していることが前提となる。もし相手が既に知っている情報
を知らせたり伝える発話行為は、無意味な（あるいは不適切な）発話行為
となる。7のbの後続の条件節は、情報提供に関するこの種の発話行為の
適切性の条件を確認する表現として機能している。以上、本章で考察した
多様な条件表現の論理性の問題は、さらに第3章で考察を進めていく。

7.　結語

　本章では、論理学における形式言語との関連で、日常言語を特徴づける
自然論理の諸相を考察した。一般に日常言語に関しては、次のような見解
が一般的である。すなわち、日常言語の表現は、明示的で、首尾一貫性の
原理に基づいて体系的に規定される論理学の形式言語と異なり、多義的
で、曖昧で、省略が多く、飛躍的な思考に満ちている。この点で、日常言
語の表現は、形式言語の論理性に欠けている。このような見方が常になさ
れている訳ではないが、この種の言語観が、日常言語に関する代表的（な
いしは典型的）な見方として存在することは否定できない。しかし、この
言語観は、形式言語を規定する論理性の概念を暗黙の前提とする言語観で
ある点に注意する必要がある。この言語観は、少なくとも次の点—すなわ
ち、(i) 明示性、(ii) 文脈独立性、(iii) 首尾一貫性の基準—を前提として

いる。この基準が数理言語（ないしは形式言語）の必要条件であるならば、日常言語は、ある面において多義的で、曖昧で、飛躍に満ちている言語であり、論理性に欠ける言語ということになる。

　省略や飛躍的な思考に満ちている日常言語には、一見したところきわめて非論理的な表現が広範に見られる。この種の言語表現が論理的な表現から逸脱しているように見える一因は、表現主体としての話し手（ないしは書き手）の主観的な認知プロセスにある。日常言語の表現主体は、形式言語のように世界を客観的に表現するのではなく、主観的な事態把握の認知プロセスを介して表現していく。換言するならば、日常言語の表現には、言語主体のさまざまな主観的な認知プロセスが反映されている。

　一方、形式言語では、この種の人間の事態把握に関わる主観的な認知プロセスは捨象されている。この種の言語は、真偽の論理的な判断が客観的に可能な言語と見なされている。一般に、言葉の論理性は、客観的な真偽の判断が可能か否かという基準によって決められる。この基準から見るならば、事態把握に対する認知プロセスを反映する日常言語は、論理性に欠ける主観的な言語と見なされることになる。しかし論理性に関するこの種の見方は、形式言語の客観性の基準から見たきわめて一面的な見方である。言語主体の主観的な認知プロセスを反映する言語表現は、一見したところ非論理的な表現に見えるが、この種の言語表現の伝達機能を厳密に分析していくと、事態把握の真偽の判断に関し重要な役割を担っている事実が明らかになってくる。

　本書では、日常言語を特徴づけている論理を、論理学の形式論理に対し、自然論理として位置づけている。このように二つの論理を区別すると、両者は一見したところ相互に排他的な論理と考えられるかもしれない。しかし、この二つの論理は、排他的な関係にあるのではない。確かに、日常言語の推論には、きわめて主観的で飛躍を伴う推論や形式論理から見れば誤謬と判断される推論が認められる。この種の推論は、日常言語における広い意味での自然論理を特徴づける推論の一部を形成している。しかし、日常言語の自然論理はきわめて柔軟な論理であり、三段論法をは

じめとする形式的な推論の一部も、自然論理の一部に含まれる。この点で、日常言語の自然論理は、形式論理に比べてはるかに柔軟で豊かな論理であると言える。本章で考察した自然論理のメカニズムは、人間の思考、判断の中核を成す知のメカニズムの解明に重要な知見を提供する。

次章以降では、日常言語の背後に存在する柔軟で創造的な自然論理の諸相を、形式論理のメカニズムと比較しながら、さらに踏み込んで考察していく。

注

（1） 本書における自然論理の位置づけに関しては、第1章の1節を参照。
（2） 本節では、日常言語を特徴づける自然論理との関係で、命題論理学を中心に形式論理の問題を考察する。ここでは、形式論理の中核を成すもう一つの論理（i.e. 述語論理学）は考察の対象としないが、本節で指摘する形式論理に関する問題は、基本的に述語論理学にも当てはまる。
（3） 以上の考察から明らかなように、緩叙法（litotes）は、否定語の有無により基本的に二種類に区別される。小松原（2012）は、さらに否定語を含む緩叙法を二種類に区別している（ibid.: 82）。

  A. 対義語の否定による対義否定的緩叙
  B. 二重否定による二重否定的緩叙

この種の緩叙法のレトリックで興味深いのは、否定の否定（ないしは反義の否定）が単純な肯定の意味にはならないという点である。

例えば、上の二重否定的な緩叙法の例として小松原は、次の例を挙げている。（以下の出典は、小松原（2012: 84）に拠る。）

  日本橋の越後屋呉服店といえば、このわしも江戸の御屋敷に詰めていたことがあるゆえ<u>知らないではない</u>、『現金掛け値なしの大安売り』でその名を轟かせておる。

              （井上ひさし『腹鼓記』：p.11）

この例で、緩叙の修辞的焦点となる「知らないではない」は、二重否定に対応する肯定の意味と同じではなく、よく知っているの意味として理解される。この二重否定に基づく緩叙法の修辞的な効果に関し、小松原は言語理解の認知プロセスに注目し、「二重否定によるスケールの反転のプロセスを経ることによって、直接的な肯定表現とは異なる修辞的効果が生じると考えられる」としている（ibid.: 84）。

　この種の修辞的効果の他に、一般に緩叙法の使用には、皮肉、ためらい、はぐらかし、等の語用論的な機能（ないしは対人関係的な機能）に関わる修辞的効果が伴う例が広範に見られる。この種の修辞的効果も、日常言語の自然論理を形式論理の世界から区別する重要な要因になっている。

（４）　形態的に否定辞が述語に組み込まれている 3a のタイプの否定表現の意味と論理に関しては、久保（2012）を参照。この種の否定辞の認知言語学的分析に関しては、有光（2011: 110–120）を参照。

（５）　Horn（1989）は、この種の現象を否定の引力のたとえで説明を試みている。この種の否定性の判断と認知的な制約の問題に関しては、さらに太田（1980: 515–550）を参照。

（６）　表 6 の (i)、(ii) のタイプの表現原理の語用論的な位置づけに関しては、山梨（1989）を参照。

（７）　われわれが外部世界を見ていく際の知覚の一般的な傾向として、近接関係にある対象は、一つの統合的な存在（あるいはグループとしてのまとまりをもった存在）と見なす傾向が認められる。この種の傾向は、知覚における体制化の基本的な特徴の一つと考えられる（cf. Behaghel 1932: 4, Köhler 1969: 56–57）。

（８）　「雨が降ったなら、芝生は濡れている」、「彼が入団したなら、チームは喜んでいる」等の条件文は自然である。これらの例に見られるように、日常言語における条件文の前件と後件の間には、因果関係、等の意味的な関連性が存在する。

（９）　よく犯す論理的誤謬としては、さらに後件肯定の誤謬が考えられる。後件肯定の誤謬とは、P ならば Q という条件と Q であるという前提から、P であると推論する誤謬である。一般に、P の後に Q が続いて起こるという経験が多ければ、自然に Q があったときには P だったのだろうと推測する傾向が認められる。

第3章

仮定世界と日常言語

1. 自然論理と条件表現

　日常言語の中には、人間の認知プロセス（特に思考や推論・判断のプロセス）を反映する多種多様な言語表現が存在する。その中でも条件表現は、特に仮定世界や可能世界の概念化の認知プロセスを反映する言語表現として注目される。条件表現は、外部世界を特徴づけるさまざまな因果関係や論理関係を表現する。一般に、論理学の分野で考察の対象となる条件表現の規定では、基本的に前件と後件の命題の真理条件は問題にされるが、言語主体の主観的な認識を反映する要因は問題にされない。しかし、日常言語の条件表現には、前件・後件の命題内容に対する表現主体の主観的態度、テンス、モダリティ、等の要因、前件・後件の真偽に関わる前提条件、前件・後件の発話を特徴づける適切性の条件などが密接に関わっている。換言するならば、日常言語の条件表現には、真理条件的な要因だけでなく、表現主体の主観的な認識を反映する意味的・語用論的な要因が関係している。人間の思考、判断のプロセスは、日常言語のさまざまな表現に反映されているが、思考、判断の中核を成す自然論理のメカニズムの解明に際しては、特に条件表現の考察が重要な役割を担う。本章では、特に日常言語の多様な条件表現に反映される自然論理のメカニズムの諸相を、意味論と語用論の観点から多角的に考察していく。またこの考察を通して、日常言語の論理の世界（i.e. 自然論理の世界）と形式論理の世界の相互関係を明らかにしていく。

2. 条件表現―確定表現と仮定表現

　一般に、「条件表現」という用語は、広い意味では確定条件表現と仮定条件表現の二つの用法に関係している。ある事態の成立が確定し、この条件のもとに他の事態の成立を推定する表現は一般に前者のタイプ、ある事態の成立を仮定しこの条件のもとに他の事態の成立を推定する表現は、一般に後者のタイプとされる。基本的に、これら二つのタイプの条件表現を区別する基準は、前件によって示される事態の成立が確定されているか否かにある[1]。ただし、前件の事態の成立が確定しているか否かの判断は、問題の条件表現の使われている談話、文脈、等の要因によって左右される場合があり、必ずしも明確に二つのカテゴリーに分けられる訳ではない[2]。

　以下の考察では、特に前件の事態の成立を仮定し、この条件のもとに後件によって示される事態の成立を推定する後者のタイプの条件表現を問題にする。(以下で「条件表現」ないしは「条件文」という場合には、特にことわらない限りこの種の表現を意味する。)

　日常言語の条件表現としては、次のような例が挙げられる。

　1. a.　春になれば、氷が溶ける。
　　 b.　運動すると、体調がよくなる。
　　 c.　父が帰ってきたら、娘達はきっと喜ぶ。

1の例の前件 (P) を表現する条件節の形式 (P-レバ、P-ト、P-タラ) は異なるが、基本的にいずれも前件と後件によって示される事態の因果関係に関わる表現という点では共通している。しかし、これらの条件形式の表現機能は、前件と後件の因果関係が表現主体の判断から独立してより客観的に成立するか、前件と後件の因果関係に対し主体の主観的な認識、判断が投影されているか、前件の指示する事態に対し主体の意志、意向、等を反映する帰結を後件に表現できるか、といった要因によって異なる。

例えば、1a ないしは 1b の表現は、主体の判断から比較的独立した因果関係を示す表現である。これに対し 1c の表現の場合には、問題の因果性の判断に表現主体の主観的な判断が反映されている。主体の主観的な判断は、さらに「部長が責任をとらないなら、会社をやめる」のようなナラ-形式の条件表現に見られる。（ナラ-形式の条件表現に関しては、さらに次節の分析的条件表現の例を参照。）

日本語におけるこの種の条件形式の表現機能の違いは、2〜4 の適切性の判断の違いに反映されている。

2. a.　梅雨に｛なれば／なると／なったら｝、雨が降る。
　　b.　?梅雨になるなら、雨が降る。
3. a.　暗いところで本を｛読むと／読んだら｝、眼が悪くなる。
　　b.　暗いところで本を｛?読むなら／（?）読めば｝、眼が悪くなる。
4. a.　それをしたら、駄目だよ！
　　b.　それを｛?すれば／?すると／?するなら｝、駄目だよ！

この種の条件表現の用法の違いは、これまでの研究でかなり考察されている[3]。条件表現の研究では、これらの条件形式の表現機能の問題の他に、さらに次のような問題を明らかにしていく必要がある。

A. 因果関係に関わる経験的命題の条件表現と論理関係に関わる分析的命題の条件表現との関係。
B. 前件の仮定表現と後件の帰結表現に関わる意志、推測、等のモダリティの要因。
C. 前件の仮定表現と後件の帰結表現の真偽の判断を特徴づける語用論的な前提に関わる要因。
D. 条件表現、特に前件の仮定表現の語用論的文脈を特徴づける各種の適切性の条件。
E. 条件表現、特に後件の帰結表現の遂行機能を特徴づける発話の力

と語用論的な推論プロセス。

　以下では、A〜Eの問題に関わる条件表現の諸相を考察していく。次節では、特にAの経験的命題／分析的命題と条件表現の真偽判断、続く4節〜6節では、さらにB〜Eの意味的、語用論的な要因が関わる条件文の前件と後件の表現機能の問題を考察していく。

3.　〈経験的〉条件表現と〈分析的〉条件表現

　これまでの条件表現の研究でとくに考察の対象になっている条件表現は、二つの事象ないしは事態の因果関係に関わる経験的命題の条件表現の考察が中心になっており、分析的命題が関わる条件表現の問題は主な考察の対象とはなっていない。

　前節の1〜4のタイプの例を見る限り、日本語の条件表現の表現機能は、レバ、ト、タラ、等の条件形式によって異なる。ただし、1〜4のタイプの条件表現は、経験命題的な条件表現である。すなわち、このタイプの表現は、二つの事象ないしは事態の経験的な因果関係に関わる表現である。

　この種の条件表現の場合には、レバ、ト、タラ、等の条件形式の表現機能に違いが見られる。これに対し、次のような分析的命題が関係する表現の場合には、レバ、ト、タラのいずれも可能である。

> 1.　a.　3に7を足せば、10になる。
> 　　b.　3に7を足すと、10になる。
> 　　c.　3に7を足したら、10になる。

ただし、次のような条件表現の場合には、分析的命題の条件表現の適切性は下がる。

> 2.　a.　（?）3に7を足すなら、10になる。

b.　（?）3 に 7 を足したなら、10 になる。

しかし、ナラ形式の条件表現が分析的命題の表現として使えない訳ではない。次のような分析的命題の条件表現には、ナラの条件形式も使われる。

　3.　a.　一盛が五百円なら、二盛で千円になる。
　　　 b.　定価千円の二割引きなら、売値は八百円だ。
　　　 c.　二直線が平行ならば、同位角は等しい。
　　　 d.　A ＞ B かつ B ＞ C ならば、A ＞ C である。

　以上の考察では、1〜3 のタイプの表現を〈分析命題的〉な条件表現として、前節の 1〜4 のタイプの〈経験命題的〉な条件表現と区別したが、この〈分析的〉／〈経験的〉の区別は絶対的なものではない。これらの例は、真理条件的に見た場合の数理的な世界における条件表現の一種という点では、分析的な条件表現の一種と見なすことができる。しかし、これらの表現の前件から後件への叙述は、表現主体の主観的な認知のプロセス（さらに言えば、主体の「発見的な認知のプロセス」）を反映する日常言語の表現であり、この点で、純粋に真理条件的に規定される分析的命題に関わる数理的な条件表現とは異なる[4]。

4.　語用論的前提と条件表現

　前節で考察した条件表現の場合には、前件（P）と後件（Q）の真偽は前提とされていない。すなわち、この種の条件表現の表現主体は、P ないしは Q が真であるか偽であるかの前提に関してコミットしていない。しかし、条件表現によっては、P ないしは Q の真偽のいずれかが語用論的に前提とされる例が存在する。

　典型例としては、次のような「修辞条件文」、「反事実条件文」が考えられる（山梨 1985: 178–180）。[5]

48

〈修辞条件文〉

1. a. 彼が天才なら、三べん回ってワンと言うよ。
   b. あの政治家が無罪なら、火の中にでも飛び込むよ。
   c. あのチームが優勝するなら、天地がひっくり返るよ。

2. a. If he's a detective, I'm a monkey's uncle.
   b. If this is a singing lesson, I'm a ring-tailed monkey.

   （映画：The Marx Brothers, *Horse Feathers*, 1932）

   c. If John is an eligible bachelor, I'll eat my hat.
   d. If Nixon is not guilty, I'm a Dutchman.

〈反事実条件文〉

3. a. あの時娘が来ていたなら、父は喜んだろうに。
   b. 彼のアドバイスに従っていたら、成功していたに違いない。
   c. もし僕があのチームの監督をしていたなら、あのような采配はしなかったのに。

4. a. If dodos were still alive, I would hunt them.
   b. If Bill had been wise, he would have fired the man.
   c. If Harry were not idle, he would be a good carpenter.

　この種の条件文の場合には、前件 (P)、後件 (Q) のいずれかが偽であることが語用論的に前提とされる。一般に、1、2のタイプの修辞条件文は、話し手と聞き手にとって明らかに後件が偽であることが前提とされる文脈で発話され、この後件が偽であるという前提（Not-Q）から対偶（Not-Q → Not-P）によって、前件が偽であることが間接的に含意される。例えば、1のaの後件（すなわち、三べん回ってワンと言う）は、その発話文脈では偽であることが前提とされ、対偶の推論プロセスを介して、前件が偽であること（すなわち、彼は天才ではない）が含意される。基本的に同様の点は、1のb〜cおよび2の例に関しても当てはまる。

　これに対し3、4の反事実条件文の場合には、前件が偽であることが語用論的に前提とされ、この前提と前件の否定から、後件の否定への語用論

的な含意（Not-P → Not-Q）に基づく推論を介して後件が偽であること
が含意される。ただし、この場合の前件の否定から後件の否定への含意
は、純粋に論理的な含意ではない。この種の含意は背景的な文脈との関連
からして自然であるが、厳密には、〈前件否定の誤謬〉に基づいて語用論
的に誘引される会話の含意（Grice 1975）の一種と考えられる[6]。

　前件、後件の真偽に関する語用論的な前提の観点から見た場合、通常の
条件文と修辞条件文、反事実条件文の関係は、表1のようになる（山梨
1985: 180）。

表1

タイプ →	p	q
（A）　通常の条件文	ϕ	ϕ
（B）　修辞条件文	ϕ	$\gg(\sim q)$
（C）　反事実条件文	$\gg(\sim p)$	ϕ

表1の≫は、問題の前件ないしは後件の真偽が語用論的に前提とされてい
ることを、またφは前提とされていないこと示す。（表1のタイプの条件
文の語用論的な規定に関しては、さらにYamanashi（1975a: 229–234）を
参照。）

　以上の考察から明らかなように、修辞条件文、反事実条件文は、それぞ
れ後件、前件の偽を語用論的に前提として、前件ないしは後件の偽を語用
論的に含意している。この点で、この二つのタイプの条件文は、語用論的
に相補的な機能を担っていると言える[7]。

5.　発話行為の機能と条件表現

　前件と後件の修飾関係から見た場合、通常の条件文、修辞条件文、反事
実条件文のいずれの場合にも、基本的には前件と後件の命題レベルの修飾
関係が問題になる。しかし事例によっては、前件と後件の命題レベルを越
える発話の力ないしは発話行為の機能との関係が問題になる[8]。

50

　例えば、次の例を考えてみよう。

　〈遂行的条件文〉
　1.　a.　もしさしつかえなければ、年収はいくらですか。
　　　b.　お気付きでないなら、ズボンに穴があいてますよ。
　　　c.　まだ連絡がきてないのでしたら、会議は 3 時に変更になったそ
　　　　　うです。
　2.　a.　If you don't mind, lend me your car.
　　　b.　Your slip is showing, in case you are not aware of it.
　　　c.　If it's alright with you, can you come and pick me up at one o'clock?

　この種の条件文の前件は、後件それ自体を修飾しているのではなく、む
しろ後件の発話によって遂行される発話行為ないしは発話の力と関係して
いる。例えば、1a、2a の前件（「もしさしつかえなければ」、"If you don't
mind"）は、表層レベルの後件（「年収はいくらですか」、"lend me your
car."）それ自体を修飾するのではなく、この後件の発話によって遂行され
る質問（Question）、依頼（Request）の発話行為ないしは発話の力と関係
している。同様に、1 の b〜c、2b の前件は後件の発話の力としての言明
（Statement）ないしは報告（Report）と、また 2c の前件は後件の発話の力
としての依頼と関係している。
　一般に、条件文（P → Q）に関わる発話行為（ないしは発話の力）を F と
した場合、F と前件、後件との関係に関しては基本的に表 2 の（A）、（B）
が考えられる（山梨 1985: 181）。

表 2

(A)	F (P → Q)
(B)	P → F (Q)
(C)	*F (P) → Q

通常の条件文の場合には、表 2 の（A）のように、条件文の前件と後件の

第3章　仮定世界と日常言語　51

全体が言明の発話の力（F）に支配されている。これに対し、1、2に見られる遂行的条件文の前件と後件の関係は（B）のタイプに属する。この種の条件表現の前件は、後件の発話の背後に成立する質問、依頼、言明、報告、等の発話行為ないしは発話の力と呼応している。

　可能性としては、さらに（C）のタイプも考えられるが、実際にはこのタイプの修飾関係によって特徴づけられる条件文は存在しない。一見したところ、次の例の前件には、伝達動詞の「言う」、「打ち明ける」、ask、sayが生起しており、（C）のタイプの条件表現のように見える。

3.　a.　もし言ってもさしつかえないなら、実は借りたお金を落としてしまったんだ。
　　b.　もしここで打ち明けてもいいなら、太郎は昔から彼女のことが好きだったんだ。
　　c.　馬鹿にもほどがあるね。露骨にいえばさ、あの娘さんを不幸にした原因は僕にある。　　　　　（夏目漱石『行人』: p.261）

4.　a.　If I may ask, how old is your husband?
　　b.　If you don't mind (my saying so), you are too conservative.
　　c.　If you'll allow me to say so, you are trying to do something impossible[9].

しかし、3、4の前件の伝達動詞は、許可、意志、等のモダリティに関わる表現や本動詞に埋め込まれており、前件の仮定表現それ自体は発話行為を遂行する表現としては機能していない。この種の仮定表現は、やはり後件の発話の背後に成立する陳述、告白、質問、等の発話行為ないしは発話の力と呼応関係にある。（3、4のタイプの前件は、聞き手との対人関係を配慮した〈ことわり表現〉であり、伝達動詞の「言う」、「打ち明ける」、ask、sayは、語用論的にはむしろ後件の発話によって遂行される言語行為をまえもって確認する表現として機能している。）したがってこの種の例は、表2の（B）のタイプの条件表現の一種と見なされる[10]。

条件表現を問題にする場合には、後件が平叙文の例が典型例として挙げられるが、後件が他の文型（疑問文、命令文、等）の例も存在する。

5. a. ぼくが怪物になったら、いったいどんな種類の怪物になって、どんな事をしでかすのか。　　　（安部公房『他人の顔』: p.71）

   b. And if he left off dreaming about you, where do you suppose you'd be? （L. Carroll, *Through the Looking-Glass*: p.165）

6. a. 若し ... 芸術家のみが創造を司り、他はこれに与らないものだとするなら、どうして芸術品が一般の人に訴えることができよう。

   　　　　　　　　　　　　　　（有島武郎『惜しみなく愛は奪う』: p.85）

   b. Carol—what's the use of talking to you if two grown people would dream of leaving a little boy with a teenage girl?

   　　　　　　　　　　　　　（M. Jerry Weiss, *Parents are People*: p.244）

7. a. そんなに仕事が嫌なら、会社なんかやめちまえ！

   b. Come and visit us if you are interested in our house.

   c. If there is no house next door, then build one; if there are no mice, then bring some.

   　　　　　　　（映画：The Marx Brothers, *Animal Crackers*, 1930）

　5、6の後件には疑問文が、7の後件には命令文がきている。ただし、6の後件は、文字通りの疑問文ではなく、修辞的疑問文であり発話の力としては陳述ないしは言明の機能を担っている。

　8、9の後件には、表層レベルでは平叙文（ないしは命令文）がきているが、この種の後件は、発話の力としては紹介、依頼の機能を果たしている。

8. そんなに、若いのが好きなら、御内のお嬢さんが可いんだわ。ねえ早瀬さん。　　　　　　　　　　　　（泉 鏡花『婦系図』: p.130）

9. 行商の途中、あるいは出稼ぎの飯場などで、該当する病いに悩んで

いる人々や怪我人があれば、この丸薬を与えて救ってあげてくださ
い。　　　　　　　　　　　　　　　（高橋和己『邪宗門』：p.225）

　発話の遂行機能の観点から見た場合、以上の条件表現は疑問、命令、依
頼、陳述、等の機能を担っており、この点で一見したところ前件と後件の
修飾関係は、1、2のタイプの遂行的条件文の修飾関係と同じように見え
る。しかし、前者のタイプの条件表現の発話の力は、厳密には前件と後件
から成る複合文の命題全体に関係している。この点で、この種の条件表現
は、前件が後件の発話の力と呼応関係にある1、2のタイプの遂行的条件
文とは異なる。

6.　条件文の擬似論理性と語用論的推論

　日常言語の条件表現の中には、一般に言語外の知識の一部として前提と
される情報を言語化することにより、発話の意図を推論させる表現が広範
に見られる。いわゆる擬似条件文は、この種の条件表現の一種と考えられ
る。通常の条件文の場合には、仮定表現と帰結表現に相当する前件と後件
が直接表現される。これに対し擬似条件文の場合は、通常の条件文の後件
は省略され、その位置に言語外の知識の一部として前提とされる情報が後
件の形をとって言語化される。
　この種の例は、英語だけでなく日本語にも広範に見られる（Yamanashi
1975a: 236）。

1.　There are biscuits on the sideboard if you want them.

（Austin 1961: 212）

2.　a.　A: I hope you ... find everything all right.
　　　　B: Well, I guess, that milk for the cat is all, Mrs. Schwartz, if
　　　　you're sure you don't mind. If anything should come up, the key
　　　　to the back door is hanging by the icebox.

（T. Wilder, *The Happy Journey to Trenton and Camden*: p.60）

  b. "Have you a car here? If you haven't, I have."

    "I have a coupé."

（F. Scott Fitzgerald, *Winter Dreams*: p.200）

 3. a. 食事がまだでしたら、冷蔵庫にケーキが入っています。

  b. 翻訳家を探しているなら、私の知人にいい人がいます。

  c. メモが必要だったら、そこに紙と鉛筆があるよ。

  d. Q: すいません、車がエンストを起こしまして。

    A: あ、それなら、あの角にガソリンスタンドがあります。

　擬似条件文の特徴は、通常の条件文と比較した場合に明らかになる。4のa、bを比較してみよう。

 4. a. 食事がまだでしたら、冷蔵庫のケーキを食べてください。

  b. 食事がまだでしたら、冷蔵庫にケーキが入っています。

4a のタイプの条件文の後件の発話（すなわち、「冷蔵庫のケーキを食べてください」）が適切であるためには、その背景的な知識の一部として、冷蔵庫にケーキが存在していることが前提になっていなければならない。4b の擬似条件文の場合には、4a で前提になっているこの部分が後件に表現されている。

　一般に、擬似条件文の場合には、通常の条件文の後件の発話が適切に成り立つための前提の一部が後件に表現されている。1～3 の後件は、いずれもこの種の前提を表現し、この情報に基づいて前件が提起している目標達成のための行動を示唆する形をとっている[11]。

　通常の条件文では、擬似条件文の後件に表現されている情報は、背景的な知識の一部として省略されているが、この部分が言語化された場合には、5 に示されるように、この部分は通常の条件文の理由節として機能する。したがって 3 の a～c の擬似条件文は、理由を明示する 5 の a～c の条

第3章　仮定世界と日常言語　　55

件文とそれぞれパラフレーズの関係にあるように見える。

5. a. 食事がまだでしたら、[冷蔵庫にケーキが入っていますから]、
　　　食べてください。
　 b. 翻訳家を探しているなら、[私の知人にいい人がいますから] 紹
　　　介します。
　 c. メモが必要だったら、[そこに紙と鉛筆があるから]、（それを）
　　　使いなさい。

しかし、3のa〜cの擬似条件文と5のa〜cの条件文をパラフレーズと見
なすのは適切ではない。一例として、3aと5aの語用論的な表現機能を比
較してみよう[12]。

6. a. 食事がまだでしたら、冷蔵庫にケーキが入っています。（＝3a）
　 b. 食事がまだでしたら、[冷蔵庫にケーキが入っていますから]、
　　　食べてください。（＝5a）
7. a. 冷蔵庫にケーキが入っています。―＊→
　 b. ケーキを食べてください。／ケーキをどうぞ。
8. 食事がまだでしたら、冷蔵庫にケーキが入っています。
　　でも、食べていいかどうかは分かりません。

　擬似条件文の後件　（「冷蔵庫にケーキが入っています」）　は、7aから
7bへの推論から明らかなように、「ケーキを食べてください」（ないしは、
「ケーキをどうぞ」）を含意し得る。もしも、この種の含意が文脈から独立
して成立するならば、3aと5aの条件表現（すなわち、6のa、bの条件表
現）は、パラフレーズの関係にあると言える。しかし、7のaからbへの
含意（―＊→）は、語用論的な会話の含意であり、文脈によってキャンセ
ルすることが可能である[13]。したがって、6aの擬似条件文から理由文を
含む6bの条件文へのパラフレーズは必ずしも成立しない。この点は、8

に示されるように、7bの含意をキャンセルする文脈が与えられても、問題の擬似条件文が矛盾文にならないという事実によって裏づけられる。

　前件が表層レベルの後件と呼応するのではなく、後件によって語用論的に誘引される含意と呼応する例は、この種の擬似条件文に限られる訳ではない。前節の疑問条件文の一部（例えば、「若し ... 芸術家のみが創造を司り、他はこれに与らないものだとするなら、どうして芸術品が一般の人に訴えることができよう」、"What's the use of talking to you if two grown people would dream of leaving a little boy with a teenage girl?"）の前件は、修辞疑問文の後件から誘引される語用論的な含意と呼応している。

　以上の考察から明らかなように、多様な日常言語の条件文の表現機能を体系的に把握していくためには、前件、後件の命題レベルの論理関係だけでなく、文脈をも考慮したこの種の語用論的な推論プロセスを明らかにしていく必要がある[14]。

7.　条件文の論理と背景的知識

　一般に、真理関数的な規定が可能とされる条件文（「Pならば、Qである」）の論理規定では、明示的に表現される前件（P）と後件（Q）のみが考慮され、その背後に存在する背景的知識は問題にされない。しかし実際には、条件文の前件が、つねに単独で後件の十分条件となっている訳ではない。Pは、実際には、Qの成立のための条件を保証する一連の関連性のある命題の集合の中で、その発話状況で最も言語化するに値すると考えられる命題に相当する。この場合Pは、P以外の背後の関連命題が暗黙のうちに成立しているという前提のもとで、はじめてQの十分条件としての資格を得る（cf. 坂原（1985: 第3章）、山梨（1985: 171–175））。例えば、「沸騰しているお湯に手を入れれば（P）、やけどする（Q）」のような条件文は、通常の世界では真となり得るが、この場合のPがQの十分条件となり得るためには、この通常の世界を保証する補助命題の集合の成立という暗黙の前提が必要となる。そのような世界では、気圧が非常に低く、断熱

材の手袋をして熱湯に手を入れるというような状況は暗黙のうちに除外される。

　自然言語の条件文（「PならばQ」）は、既知から未知の情報や新たな知識を推しはかる言語手段の一つである。この場合、PからQへの推論に際し前提となる補助命題の集合をEとするなら、「PならばQ」という言明は、実際には「Pならば、EであるからQ」という（補助命題の集合Eが前提として導入されている）言明に言い換えることができる。しかし通常の日常言語の使用の場ではEの成立が自明とされているため、この補助命題の集合の部分は表現されないのが普通である。

　一般に、p⌒p'⌒…⌒q'⌒qのような一連の推論連鎖が存在する場合、pが真であることが前提とされず、単に仮定されるのであれば、条件文「PならばQ」が得られる。これに対し、Pが真であることが前提とされる場合には、「PだからQ」の理由文が得られる。ただしこの場合、理由文の基底には次のような推論が関与する点で、その背後に条件文の存在が認められる。すなわち、理由文は「PならばQかつP」の肯定式（modus ponens）を介してQを結論するという推論プロセスをより簡潔に表現して、「PだからQ」として言語化された文と見なすことができる。

　理由文の背後に肯定式としての条件文の存在が認められる以上、理由文もやはり所定の世界に言及する補助命題の集合から成る暗黙の前提に依存する。例えば「熱湯に手を入れたので、やけどした」という理由文の言明が真であるためには、これに対応する条件文と同様の暗黙の前提（すなわち、気圧が異常に低くはなく、断熱材の手袋をしていない、等）の成立が保証されている必要がある。すなわち、このような理由文の使用においては、理由節から帰結節への関連を阻害するような要因は、暗黙のうちに前もって排除されていることになる。

　譲歩文の場合はどうか。暗黙の背景的な知識との関連から見て、譲歩文は条件文と相補的な関係にある。条件文「PならばQ」が暗黙の前提Eを持つとき、事実上、Eの成立が保証されない場合には、「PであってもQでない」という譲歩文が成立する。

譲歩文は、条件文とその背後の補助命題の関係を明らかにする。ここ
で、「PならばQ。しかし、Rならば、PであってもQでない」(たとえ
ば、「あす天気なら平安神宮に行く。しかし、平安神宮が混んでいたら、
あす天気でも平安神宮には行かない」)という言明を考えてみよう。この
種の言明では、条件PからQへの予測をしておきながら、他の条件Rの
介入により「PならばQ」が成立しないという主張をしていることにな
る。この場合、新たに介入した条件Rは、「PならばQ」という条件文に
おいて暗黙のうちに前提とされている補助命題のうちの一つを否定してい
ることになる。

譲歩文には、通常の条件文と理由文にそれぞれ対応する形で、仮定的譲
歩文(「PであってもQでない」)と事実的譲歩文(「PであるのにQでな
い」)が存在する。仮定的譲歩文は、上の例で見たように、基本的には条
件文の否定と言える。これに対し、事実的譲歩文(「PであるのにQでな
い」)は、理由文(「PなのでQ」)を保証する暗黙の前提の一部が偽である
ときに成立するという点で、理由文の否定となっている。譲歩文は、以上
の点から見て、条件文、理由文を介しての予測ないしは断定に対するいわ
ば〈但し書き〉の機能を担っている。

従来の形式論理では、条件文の真理関数的な規定はなされているが、以
上に見た理由文、譲歩文のような他の複合表現と条件文の使用の文脈的な
背景となる暗黙の前提的知識との関連づけはなされていない。われわれが
日常言語の文を介して行う推論やこれに基づく判断は、真理関数的な制約
だけでなく、その発話状況の暗黙の前提との関連で柔軟になされる。

日常言語の思考、判断のメカニズムを明らかにしていくためには、以上
に見た多様な言語表現の使用に関する暗黙の前提的知識の枠組みの抽出
と、これらの柔軟な知識と言語表現の関連づけが重要な課題となる[15]。

8. 条件文、疑似条件文と補助命題

日常言語の伝達の中には、暗黙の前提の一部を言語化することにより、

発話意図を推論させる間接的な伝達が広範に見られる。疑似条件文の使用は、この種の間接的な伝達の用法の一つと言える。

前節に見たように、通常の条件文は、暗黙の前提 E を言語化しないで、前件 P と後件 Q のみが言語化される。これに対し、疑似条件文の場合には、通常の条件文の後件は省略され、その位置に、暗黙の前提 E の一部を構成する補助命題の e が生起する。通常の条件文と疑似条件文の具体例は、それぞれ以下の 1、2 に示される。

1. もしお腹がすいているなら (P)、その箱の中のお菓子をあげます (Q)。
2. もしお腹がすいているなら (P)、その箱の中にお菓子があります (Q)。

通常の条件文の 1 では、お菓子の存在に関する暗黙の前提 (e) は省略されているが、この前提が言語化された場合には、3 に示されるように、1 の条件文の理由節として機能する。

3. （その箱の中にお菓子があるので (e)、もしお腹がすいているなら (P)、そのお菓子をあげます (Q)。

2 のタイプの疑似条件文は、通常の条件文のこの暗黙の前提としての理由節が、後件の帰結節をおしのけてその位置にいすわった形をとっている。疑似条件文は、このように条件文の背後にある暗黙の前提を言語化することにより、条件文の発話の意味を推定させるという点で、間接的な発話行為の機能を担う表現の一種と言える。

条件文と疑似条件文とを区別する手がかりとしては、誘導的推論 (invited inference) の可否、対偶 (contraposition) の可否が考えられる。一般に、上記の 1 のタイプの条件文（「P ならば Q」）からは、論理的な含意ではないが、以下に示されるように、語用論的な会話の含意の一種として、「P でないならば、Q でない」のタイプの誘導的推論が可能である。これに対し、上記 2 のタイプの疑似条件文には、この種の誘導的推論は認めら

60

れない。

4. a. もしお腹がすいているなら (P)、その箱の中のお菓子をあげます (Q)。[＝1]

   b. もしお腹がすいていないなら (〜P)、その箱の中のお菓子をあげません (〜Q)。

5. a. もしお腹がすいているなら (P)、その箱の中にお菓子があります (e) [＝2]

   b. *もしお腹がすいていないなら (〜P)、その箱の中にお菓子がありません (〜e)。

　また、6、7に示されるように、1のタイプの通常の条件文に対しては、（日常言語の表現としては不自然であるが）その対偶が論理的には可能である。しかし、2のタイプの疑似条件文の場合には、対偶は不可能である。

6. (?) もしその箱の中のお菓子をあげないなら (〜Q)、お腹がすいていない (〜P)。

7. *その箱の中にお菓子がないなら (〜e)、お腹がすいていない (〜P)。

ただし、日常言語の条件文の対偶のテストを評価する場合には、前件と後件の背後の発話の力を考慮する必要がある。一般に、形式論理における対偶の規定では、「PならばQ」の対偶に関しては、文字通りP、Qの命題は問題となるが、その背後の発話の力（ないしは発話行為の機能）は問題にされない。

　この種の論理的な対偶の規定は、8のように、前件と後件に時間の前後関係や因果関係などの要因が関与しない言明の場合には問題はない。

8. a. 2直線が他の1直線と交わって成す同位角が等しければ (P)、問題の2直線は平行である (Q)。

b. 2直線が平行でなければ（〜Q）、2直線が他の1直線と交わって成す同位角は等しくない（〜P）。
9. a. そのコンテストに入賞したら（P）、新車を買ってあげる（Q）。
b. （?）新車を買ってあげないなら（〜Q）、そのコンテストに入賞しない（〜P）。

しかし、9のように、後件の命題の背後に約束、等の発話の力が存在する条件文で、しかも、前件と後件の間に時間的な前後関係や因果関係が関与する条件文の場合には、後件の文字通りの否定と前件の文字通りの否定から成る対偶は、日常言語の表現としては適切性が問題となる。

　一般に、論理学の分野で考察の対象となる条件表現の規定では、基本的に前件と後件の命題の真理条件は問題にされるが、言語主体の主観的な認識を反映する要因は問題にされない。しかし、以上の考察から明らかなように、日常言語の条件表現には、前件・後件の命題内容に対する表現主体の主観的態度、テンス、モダリティ、等の要因、前件・後件の発話を特徴づける発話の力などが密接に関わっている。換言するならば、日常言語の条件表現には、真理条件的な要因だけでなく、表現主体の主観的な認識を反映する意味的・語用論的な要因が関係している。日常言語における条件表現の論理のメカニズムを明らかにするためには、言葉の使用に関わるさまざまな意味的・語用論的な要因を考慮していく必要がある。

9.　結語

　日常言語の条件表現は、外部世界の事態に関するわれわれの認識を反映する複合表現の一種である。その中でも、仮定条件表現は、因果関係の推定や一般法則の判断に関わる複合表現の一種と見なされる。特に論理学の分野では、この種の条件表現の真理条件的な規定が問題にされている。しかし、日常言語の中には、真理条件的な機能を越える柔軟な伝達の機能をもつ多様な条件表現が存在する。本章の考察から明らかなように、日常言

語の条件表現には、外部世界の事態に関わる真理条件的な要因だけでなく、前件の仮定文と後件の帰結文を特徴づけるモダリティ、テンス、ヴォイスに関わる要因、前件の仮定文と後件の帰結文を支配する命題的態度、前件と後件の真偽判断を特徴づける前提条件、前件の仮定文と後件の帰結文の修辞機能、前件の語用論的文脈を特徴づける適切性の条件、帰結文の遂行機能を特徴づける発話の力と語用論的な含意などが密接に関わっている。

　一般に、言葉の論理性は、客観的な真偽の判断が可能か否かという基準によって決められる。この種の基準から見るならば、以上の多様な条件表現を含む日常言語は、論理性に欠ける主観的な言語と見なされるかも知れない。しかし論理性に関するこの種の見方は、形式言語（ないし科学言語）の客観性の基準から見たきわめて一面的な見方である。言語主体の主観的な認知プロセスを反映する言語表現は、一見したところ非論理的な表現に見える。しかし、本章の考察から明らかなように、日常言語の意味機能と伝達機能を具体的に分析していくと、言葉の背後に、人間の思考、判断のメカニズムの中核を成す柔軟で創造的な自然論理の存在が明らかになってくる。

　日常言語は、論理的に閉じた記号系である形式言語に比べ、きわめて柔軟で創造的な伝達を可能とする開かれた記号系の一種である。本章で考察した日常言語の多様な条件表現は、自然論理に基づく効率的で効果的な伝達を可能としている。ここに、日常言語を特徴づける自然論理の柔軟性と創造性の一面を見てとることができる。

　　　注
（１）　前件の事態の成立が確定しているか否かの判断は談話、文脈、等の要因によって左右されるが、ここでは表現主体が前件の事態の成立を前提とする表現は確定表現として、前件の事態の成立を仮定する表現とは区別する。以下の考察では、後者の仮定表現としての条件文を問題

にする。仮定表現と確定表現の区分に関しては、松下（1928: 534–551）、山田（1936: 533–534）、時枝（1941: 381–382）、阪倉（1958）を参照。

（2）　この種の区別は、条件表現の形式それ自体に必ずしも明示されない。山田（1936）は、「已然形に附属する場合は既定条件のみならず、仮設条件をも示すに至れるものあり。」として、'長ければ、切りませう'、'よく読めば、わかるだらう'、'誰でも誉められれば、うれしくおもふ'の例を挙げている（山田 1936: 534）。

（3）　この種の条件表現の用法に関しては、さらに国語学会（編、1980: 163–164、552–553）、日本語教育学会（編、1982：211–214）、益岡（編、1993）、等を参照。

（4）　分析的条件表現（例えば、「Xが人間ならば、Xは動物である」、「AがBを含みBがCを含むなら、AはCを含む」）の場合には、基本的に前件と後件には主観的なモダリティは関与しない。しかし、次の例に見られるように、日常言語の通常の条件表現の前件と後件には、主観的なモダリティが密接に関わっている。

> 1．親鸞：「そうとも。そうとも。人間の心にもし浄土のおもかげがあるならば、それはまさしく許した時の心のすがたであろう。」
>
> （倉田百三『出家とその弟子』：p.205）
>
> 2．仮面に見破られることがあるとすれば、それはむしろ、そのぎこちなさのせいだろう。
>
> （安部公房『他人の顔』：p.123）

（5）　修辞条件文の類例としては、さらに次のような条件表現が考えられる（Yamanashi 1975a: 238）。

> 1．a．I'll be damned if I'll marry her again.
>
> 　　b．I'll be hanged if I'll give them another chance.
>
> 　　c．I'll be a son-of-a-bitch if I'll do it again.
>
> 2．He grinned again. "Damn it if I didn't leave all my money home."
>
> （James Baldwin, *Sonny's Blues*: p.6）

この種の条件表現の I'll be damned, I'll be hanged , I'll be a son-of-a-bitch, damn it の部分は慣用化し、語用論的には if- 節の命題の間接的な否定の表現として機能している。

（6）〈前件否定の誤謬〉は、例えば「手伝ってくれたら、小遣いをあげる」から「手伝ってくれなかったら、小遣いはあげない」を推論するいわゆる誘引的推論（invited inference）(Geis and Zwicky 1971) にも関係する。

（7）条件表現の前件の中には、後件の前提条件を棚上げにする仮定表現がみられる。以下の1の条件表現の後件は、ある人物ないしは事態の存在を前提としている。また、2の条件表現の後件は、過去のある時点において、問題の人物がある行為をした（あるいは、していた）ことを前提としている。1、2の条件表現の前件は、この種の前提を棚上げにする機能を果たしている。

> 1.　a.　いやしくもこの会社に中年の男がいるとしたら、彼等はみな禿げだ。
>
> 　　b.　愛せざるところに愛する真似をしてはならぬ。憎まざるところに憎む真似をしてはならぬ。若し人間が守るべき至上命令があるとすればこの外にはないだろう。
>
> 　　　　　　　　　　　　　（有島武郎：『惜しみなく愛は奪う』: p.81）
>
> 2.　a.　Martha stopped nagging at her husband, if she ever did.
>
> 　　b.　Steve doesn't cry anymore, if he ever did.
>
> 　　c.　Only Fred left the party, if (indeed) he did.

（8）発話行為の基本的な問題に関しては、Austin (1962)、Searle (1969)、山梨 (1986) を参照。

（9）この種の例としては、さらに次のような条件表現が挙げられる。

> 1.　She's far too considerate, if I may say so.
>
> 　　[Cf. I'm telling you, if I may, that she's far too considerate.]
>
> 　　　　　　　　　　　　　　　　　　　　　　（Quirk et al. 1985: 1089）
>
> 2.　Would you close the window, {if I may ask / if you'll forgive my asking}?　　　　　　　　　　　　　　　　　（山梨 1986: 209）

(10) 条件表現の中には、さらに前件が後件の命題それ自体ではなく、後件の発話の適切性条件の一つを表現している例が見られる。1の後件の依頼、奨め、2の後件の予告、3の後件の言明の発話行為が適切に遂行されるためには、その時点で前件で仮定されている条件が成立していなければならない。

　　　1.　a.　まだ窓が開いているなら、閉めてください。
　　　　　b.　ご存じなら、この問題の答を教えて下さい。
　　　　　c.　もしまだ試してないのでしたら、この健康法をおすすめします。
　　　2.　役員衆が集ってるのなら、いろいろ言っておきたいことがある。

(高橋和己『邪宗門』：p.170)

　　　3.　この手紙に書いてある事は ... 本当です。嘘や、気休や、誇張は、一字もありません。もしそれを疑う人があるなら、私はその人を憎みます。

(夏目漱石『明暗』：p.229)

(11) 事例によっては、示唆される行動が後件に表現される場合がある。Austin (1961) は、この種の例として、次のような擬似条件文を挙げている。

There are biscuits on the sideboard which you can (or may) take if you want them.　　　　　　　　　　　　(Austin 1961: 212)

この場合には、擬似条件文で示唆されている行動が、関係節に表現されている。

(12) 7の矢印（─＊→）は、語用論的な含意関係を意味する。

(13) 会話の含意の語用論的な位置づけに関しては、Grice (1975) を参照。

(14) 以上、日常言語の多様な条件文の論理的な側面と語用論的な側面を考察した。Sweetser は、この種の多様な条件文の一部を、次の3種類に下位区分している (Sweetser 1990: 114–118)。

　　　(i)　内容条件文 (Content Conditional)

If Mary goes, John will go.

(ii) 認識条件文（Epistemic Conditional）

If she's divorced, (then) she's been married

(iii) 言語行為条件文（Speech Act Conditional）

If I may say so, that's a crazy idea.

(i) は、前件の事態の実現が後件の事態の実現の十分条件となっている条件文、(ii) は、前件の内容が真であることを認識することが、後件が真であると結論するための十分条件となっている条件文、(iii) は、前件の成立が、後件の言語行為の遂行を可能にするための十分条件となっている条件文、として区分される。この種の条件文の考察に関しては、さらに長友 (2015) を参照。

(15) 以上の条件文、理由文、譲歩文に関わる推論と背景的知識の関係の具体的な考察に関しては、坂原 (1985: 第3章)、山梨 (1985: 171–175) を参照。

第4章

日常言語の論理と主観性

1. 日常言語の主観性

　日常言語には、言語主体が世界を解釈していく主観的な認知プロセスがさまざまな形で反映されている。形態、構造、意味をはじめとする言葉の諸相は、この種の認知のプロセスが、記号系としての言葉の分節構造に反映された結果として理解することができる。換言するならば、言葉には、世界に対するわれわれの認知的な解釈のモード（ないしは意味づけのモード）が反映されている。同じ状況を伝える場合にも、その状況に対する主体の視点、パースペクティヴ、等の違いによって、異なる言語形式が選択される。ここで問題とされる視点、パースペクティヴ、等に関わる要因は、主体と世界との関係によって相対的に決定される。ここで次のような問題が、重要な意味を持つ。認知主体としてのわれわれは、外部世界にどのような形で存在し、どのようにインターアクトしているのか。われわれが世界を解釈し、意味づけしていく際には、どのような身体図式（ないしは身体的なスタンス）に基づいて世界に対峙しているのか。認知主体としてのわれわれは、世界のどの側面に焦点を投げかけ、どの側面を背景化して世界を解釈しているのか。

　認知言語学の研究では、このような主体の認知プロセスに関わる要因を言語現象の分析の基盤とする考察が広範になされている。認知言語学の研究は、文法、シンタクスを中心とする従来の研究で扱われてきた言語現象を根本的に問い直すだけでなく、これまで等閑視されてきた人間の認知に

68

関わる言語現象にも目を向け、研究のスコープを広げつつある。しかし、これまでの研究では、言語主体が世界を解釈していく際の認知プロセスと言葉の論理の相互関係に関する研究は殆どなされていない。従来の言語研究で言葉の論理性を問題にする場合には、基本的に平叙文に対応する命題の真偽の判断は問題にされるが、命題に対応する事態の解釈に関わる主体の認知プロセスと命題の論理性の相互関係に関する考察はなされていない。ここで問題とする主体の認知プロセスの中には、上に述べた視点の投影、焦点化、背景化だけでなく、図／地の分化、図／地の反転、スキャニング、参照点起動のサーチング、メタファー変換、メトニミー変換、等が含まれる。日常言語の論理性を理解していくためには、この種の認知プロセスの考察が重要な役割を担う。本章では、この種の認知プロセスと言葉の論理性の関係を具体的に考察していく。この考察を通して、日常言語が、形式言語の論理性を越える、きわめて柔軟で創造的な論理に基づく伝達機能を担っている事実を明らかにしていく。

2.　言葉の論理性と焦点化の認知プロセス

　言語学の研究でとくに問題になるのは、与えられた言語表現に関する適否の判断である。実際に、与えられた事例を複数のネイティヴ・スピーカーの間で判断していく場合、問題の表現が論理的であるか否か、文法的であるか否かに関し意見が分かれることがよくある。一例として、次の表現を比較してみよう。

　　1. a.　地面を掘る。
　　　 b.　土を掘る。
　　　 c.　穴を掘る。

　1の例（「地面を掘る」、「土を掘る」、「穴を掘る」）は、一見したところどれも適切な表現に見えるが、これらのどの表現が適切かに関する判断は

話者によって微妙に異なる。ある話者は、掘れるのは地面であると考え、最初の文を論理的な文であると判断するかも知れない。また話者によっては、掘り出される土を問題にして、二番目の文が論理的に適切な文であると見なすかも知れない。あるいは、結果としての穴を問題にして、三番目の文を論理的な文と判断するかも知れない。

　しかし、これらのどの文が論理的でどの文が非論理的かという問い自体が適切ではない。言語主体が、外部世界の状況をどのように把握するかという視点から見た場合、1のa〜cの表現はいずれも適切な表現である。これらの表現は、図1に示される共通の状況（ないしは事態）に対する言語主体の視点の投影の違いを反映している。1の各例は、いずれも図1の事態を共有する表現である。（図1のAは地面、Bは土、Cは穴を示すものとする。）

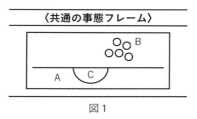

図1

　1の例（a.「地面を掘る」、b.「土を掘る」、c.「穴を掘る」）は、図1の状況のどの側面に焦点を当て事態を把握するかの違い（すなわち、事態認知の違い）を反映している。これらの言語表現に反映される事態認知の違いは、それぞれ図2の (i)〜(iii) に示される (cf. 山梨 2000: 73)。

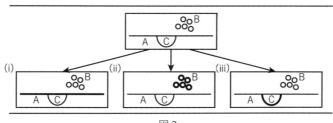

図2

最初の例（「地面を掘る」）では、同じ事態フレームの地面の部分（i.e. Aの部分）が焦点化され（図2の(i)）、この焦点化された部分が「掘る」という動詞の目的語として表現されている。これに対し、二番目の例（「土を掘る」）では土の部分（i.e. Bの部分）が焦点化され（図2の(ii)）、動詞の目的語として表現されている。さらに三番目の例（「穴を掘る」）では穴の部分（i.e. Cの部分）が焦点化され（図2の(iii)）、問題の動詞の目的語として表現されている。（図2の(i)～(iii)の焦点化されている部分は、太線で示されている。）

　1の例に関しては、次のような主張がなされるかも知れない。すなわち、これらの表現のうち、地面は掘ることは可能であるが、土そのもの（ないしは空虚な穴そのもの）は掘ることはできない。したがって、1の表現のうち、「地面を掘る」のみが論理的な文であり、「土を掘る」、「穴を掘る」は非論理的な表現である、というような主張がなされるかも知れない。

　しかし、この種の言語観（ないしは論理観）は、地面を掘るという行為（ないしは事態）に対する言語主体の認知プロセスの重要性を理解していない。基本的に、ここで問題としている共通の事態は、(i) 地面の表面に力を加え、次に (ii) この行為によって土が放出され、その結果 (iii) 穴ができる、という（時間軸に沿った）一連のイヴェントから構成されている（図3、参照）。1のa～cの文は、この一連のイヴェントのどの側面に焦点を当て問題の事態を表現しているかを自然に反映している。（図3の(i)～(iii)の焦点化されている部分は、太線で示している。）

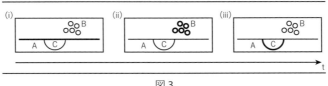

図3

　頭の固い論理的（？）な話者ならば、上に述べたように、地面は掘れても土それ自体や空虚な穴は掘れないから、「地面を掘った」という文は真

であり、「土を掘った」、「穴を掘った」は偽であると主張するかも知れない。しかし、以上の事態認知と言語主体の焦点化の認知プロセスの観点から見るならば、これらの三つの文は、いずれも共通の事態の成立を表現する自然な文として理解される。従ってこれらの文は、この事態が成立した場合にはいずれも真であり、そうでない場合にはいずれも偽の文と見なされる。この点で、この種の日常言語の表現は、いずれも論理的で自然な表現と見なすことができる[1]。

3. モノ的把握／状況的把握と言葉の論理性

日常言語には、一見したところ論理的とは思われない表現が広範に存在する。その一例として、モノを物理的に操作する行為を示す表現を考えてみよう。例えば、「すくい上げる」という表現は、「水中から浮かんで来た藻をすくい上げた」という例から明らかなように、藻のような物理的なモノを示す名詞をその目的語にとることはできるが、状況、場面、場所などを示す名詞が目的語にきた場合には不適切な表現になる。この違いは、次の例から明らかである。

1. a. 彼は藻をすくい上げた。
 b. *彼はその {場所、場面} をすくい上げた。
2. a. 警官が泥棒を逮捕した。
 b. *警官がその {場所、場面} を逮捕した。

1、2の例では、aのようにモノを目的語にとる表現は適切であるが、bのように場所、場面のようなある種の状況を示す語を目的語にとる表現は不適切である。換言するならば、bのような表現は、論理的に見ても不適切な表現と判断される。

しかし、一見したところ不適切で、論理的ではないと見なされるbのタイプの表現が、日常言語で自然に使われる例も存在する。例えば、3と4

の例は、どちらも日本語として適切な表現である。

3. a. 彼は流れて来た藻をすくい上げた。
   b. 警官が逃げて来た泥棒を逮捕した。
4. a. 彼は藻が流れて来たところをすくい上げた。
   b. 警官が泥棒が逃げて来たところを逮捕した。

一般常識から見るならば、「すくい上げる」、「逮捕する」のような行為の及ぶ対象は物理的な存在であるはずである。したがって、この論理からするならば、3の例のようにモノ（ないしは人物）を目的語にとる表現は論理的で適切な文であるが、4のように場所ないしは状況（この場合には「ところ」）を目的語にとる表現は、非論理的で不適切な文と判断されるはずである。にもかかわらず、日本語の表現としては、3のタイプの表現だけでなく、4のタイプの表現も適切な表現である。

この種の事実に関しては、次の認知図式に示される事態把握に関する主体の主観的な認知プロセスに基づく一般的な説明が可能となる。

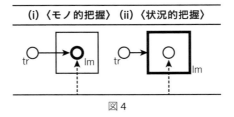

図4

ここでは、図4の左のトラジェクター（tr = trajector）で印されたサークル（○）は行為の主体、右のランドマーク（lm = landmark）で示されるサークル（○）は行為の及ぶ物理的な対象、後者のサークルを囲むボックス（□）は、この行為の対象が存在している場所を示すものとする。（図4の(i)、(ii)の焦点化されている部分は、太線で示されている。）

この規定が与えられるならば、上記の例文の3、4の文の意味する事態は、それぞれ図4の(i)と(ii)の認知図式との関連で、一般的な説明が可

能となる。まず3の例の事態は、図4の (i) の認知図式に対応する。この場合、主語の「彼」（ないしは「警官」）は、トラジェクター (tr) によってマークされたサークル、このトラジェクターから右に延びる矢印は問題の行為の力のベクトル、ランドマーク (lm) で示されるサークルは「藻」（ないしは「泥棒」）、ボックスの下から上方向に延びる縦の矢印は「藻」（ないしは「泥棒」）の移動のベクトル、ボックスはこれらの移動してきた対象を囲む状況を示している。これに対し、4の例は、図4の (ii) の認知図式に対応する。この図の基本的な枠組みは、(i) の認知図式の枠組みと共通している。ただし、両者は、問題の行為の対象であるランドマークのサークルが焦点化されているか、それともこの対象を囲む状況のボックスが焦点化されているか、という点で異なる[2]。

　図4の (i) と (ii) の認知図式は、言語主体が事態を認知していく際の二つの認知モードの違いを示している。図4の (i) は、モノ的把握の認知モードを示し、(ii) は状況的把握の認知モードを示している。「すくい上げる」、「逮捕する」のような表現は、基本的にモノ的な存在に対する物理的行為を示す動詞であり、この種の動詞の目的語にはモノ的な存在を示す語だけが共起するように考えられる。しかし、上の4の例に見られるように、この種の動詞は、モノ的な存在を示す目的語だけでなく、場所、状況、等に関わる名詞 (e.g.「ところ」) とも共起することが可能である。この事実は、一見したところ、物理的行為を示す動詞の用法から見た場合には不自然に見える。しかし、言語主体の事態認知に関わる上記の二つのモード (i.e. 図4の事態把握に関する二つの認知モード) を考慮するならば、一見したところモノ的な存在を示す名詞と共起する動詞が、場所、状況、等に関わる名詞とも共起できる事実が自然に理解できる。

　上の例では、流れてきた藻はすくい上げることができ、逃げて来た泥棒は逮捕することができるから、3のタイプの表現は論理的であると考えられる。これに対し、藻が流れて来たところ、泥棒が逃げて来たところは救い上げたり逮捕することはできないから、4のタイプの表現は日本語としては非論理的で不適切な表現であると考えられるかも知れない。しかし、

日常言語は、このような即物的な論理の判断に基づいて使用されるのではない。日常言語の生きた言葉の本質的な機能は、あくまで伝えようとする事態に対する言語主体の認知のモードを反映する点にある。この観点から見るならば、上記の3、4のいずれの例も（それぞれモノ的認知と状況的認知を自然に反映する）日常言語の適切で論理的な表現と見なすことができる。

4. 主観的知覚と情景描写の論理性

　一般に、客観主義的な言語観に基づく論理の世界では、言語表現は、人間の主観的な認知プロセスから独立して外部世界の対象や事態を表現する、という前提に基づいている。また、客観的な論理の世界は、問題の言語表現が真であるか偽であるかは、外部世界の対象や事態との対応関係によって客観的に決定されるという前提に立っている。しかし日常言語には、このような客観的な言語観や論理観では予測できない、言語主体の主観的な知覚を反映する言語表現が存在する。その典型例としては、1〜3の例が考えられる。

1. a. 高速道路が砂漠の真ん中を走っている。
   b. 伊豆半島が南に延びている。
2. a. 服が小さくなってきた。
   b. ズボンが短くなってきた。
3. a. 湖が近づいて来くる。
   b. 岩山がだんだん迫って来る。

1の場合、高速道路や伊豆半島が移動したり延びたりする訳ではない。従って、1の表現は文字通りには偽である。しかし、この種の表現は、図5に示されるように、高速道路ないしは伊豆半島を眺めている主体の主観的な視線の移動（i.e. ヴィジュアル・スキャニング）を反映している表現で

ある。

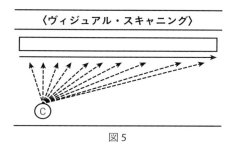

図5

　2の例は、文脈によっては、文字通りに理解可能な表現である。例えば、洗濯で服やズボンが小さくなったり短くなったりした場合の状況では、3の例は文字通りの表現として理解される。しかし、3の例は、服やズボンを身につける主体が成長していく状況でも使用可能な表現である。3の例は、図6に示されるように、服やズボンを身につける主体が自分の体が大きくなる事実を認識する代わりに、身につけている服やズボンが相対的に小さくなっていると錯覚する状況を伝える表現としても理解できる。

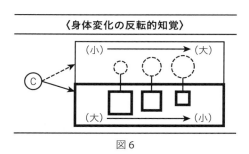

図6

　図6の外側の大きいボックスの上部の破線のサークルは、服（ないしはズボン）を身につける主体、ボックスの下部の四角は、この主体が身につけている服（ないしはズボン）を示している。ボックスの左のCを囲むサークルは、服（ないしはズボン）を身につけている認知主体に相当する。図6の下の長方形のボックスと（その中の）衣類の四角は太線でマークされ

ているが、この部分は、衣類のサイズが次第に小さくなっていると錯覚する認知プロセスが図として前景化していることを示している。また、上部の破線でマークされているサークルを含む長方形のボックスは、主体の体の成長のプロセスが、地として背景化されていることを示している。

　上の3の例も、湖や岩山は移動しない以上、文字通りには偽の表現である。しかしこの種の表現は、湖や岩山を知覚している主体がそこに向かって移動していくにつれて、相対的に湖（ないしは岩山）が主体に向かって近づいて来たり、迫って来るように知覚される主観的な認知プロセスを反映する表現である。

　この種の知覚の主観的な認知プロセスは図7に示される。この場合には、認知主体の物理的移動は（地として）背景化され、知覚対象の主観的移動が（図として）前景化されている。

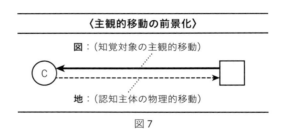

図7

ただし、3のタイプの文（a.「湖が近づいて来る」、b.「岩山がだんだん迫って来る」）は、字義通りには明らかに偽である。現実世界においては、むしろこの種の文に対応する4の例が論理的な文と見なされる。この場合には、以下の図8に示されるように、空間を移動して行く認知主体の物理的移動が（図として）前景化され、知覚対象の主観的な移動の認知プロセスは（地として）背景化されている。

4. a.　湖に近づいて行く。
　　b.　岩山に近づいて行く[3]。

第4章　日常言語の論理と主観性　77

図8

現実世界においては、湖や岩山は（字義通りには）移動が可能ではないが人間は移動が可能という事実を考えた場合、確かに4のタイプの文は真理条件的には真となり得る。

N.B. 4の例は、認知主体が湖（ないしは岩山）に近づいて行く状況を、認知主体自身が語っている文である。この種の語りが可能であるためには、以下の図に示されるように、湖（ないしは岩山）に近づいて行く認知主体としての自分を、もう一人の自分が客観的に認識していることが前提となる。（この意味で、4のタイプの文は、3のタイプの主観描写の文に比べ、客観描写の文の一種と見なすことができる。）

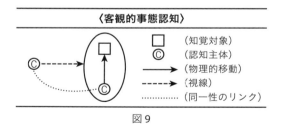

図9

この図の □ は知覚対象、Ⓒ は認知主体、実線の矢印（⟶）は認知主体の空間移動、破線の矢印（--→）は認知主体自身が対象に向かって移動して行く状況そのものを（この状況の外側から）認知している視線を示している。また、この図の移動して行く認知主体（Ⓒ）と、この状況をその外部から認識している認知主体（Ⓒ）を結ぶ点線（‥‥）は、この二つの認知主体

が同一人物であることを示している。

しかし興味深いことに、4のタイプの文の比喩的な転用は、自然な日本語にはならない。この点は、5の例から明らかである。

5. a. ?年の瀬に近づいて行く。
    b. ?クリスマスに近づいて行く。
6. a. 年の瀬が近づいて来る。
    b. クリスマスが近づいて来る。

5のタイプの文は、4のタイプの文を比喩的に転用した表現としては論理的に可能な表現であるが、日本語の表現としては適切ではない。この場合にはむしろ、(現実世界に関する表現としては偽の表現である) 上記の3のタイプの比喩的な表現 (すなわち、6のタイプの比喩表現) が日本語として自然な表現になる。

N.B. 図／地の分化と反転の問題は、知覚主体としての発話者のグラウンド化の

「マッハの自画像」
図 10

第4章　日常言語の論理と主観性　79

問題とも密接に関係している。一般に、知覚主体としての発話者はグラウンド化され、このグラウンド化された地点から外部世界の対象を知覚する。

　この点は、図10の「マッハの自画像」からも理解できる。このマッハの自画像は、左目で知覚されている部屋の世界を描いている。この絵では、寝椅子に横たわる知覚主体としてのマッハは背景化されている。この知覚世界では、マッハの鼻、鼻の左下の髭、カウチに足を投げ出し鉛筆を持つマッハの下半身が見えている。しかし、主体としてのマッハ自身が知覚の対象としてこの視界の中に知覚されている訳ではない。マッハ自身は、知覚的にはグラウンド化され、背景化されている。この絵からも明らかなように、一般に知覚者のグラウンドの地点は外部世界を知覚する際には背景化され、むしろ知覚対象の方が前景化される傾向にある。

　このグラウンドにおける知覚主体の背景化の傾向は、とくに日本語に顕著に見られる。この点を考慮するならば、本節で考察している〈知覚レベル〉と〈状況レベル〉の反転の非対称性を理解することが可能となる。

　例えば、以下の (i)、(ii) の対では、主観的な〈知覚レベル〉の事態認知を反映するaの文の方が、客観的な〈状況レベル〉の事態認知を反映するbの文より適切である。（事態の真偽の判断から見るならば、〈状況レベル〉の事態認知を反映するbの文の方が真であり、論理的であるはずであるが、興味深いことに、bの文の方が適切性が下がる。反対に、主観的な知覚を反映するaの文の方が適切な文と判断される。）

　　(i)　a.　おーい！　湖が近づいて来たぞ！
　　　　b.　?おーい！　湖に近づいて行くぞ！
　　(ii)　a.　ほら、岩山がだんだん迫って来る。
　　　　b.　?ほら、岩山にだんだん迫って行く。

これらの対のうち、aのタイプの文では、知覚対象（i.e. 海、岩山）がトラジェクターの図として前景化している。これに対し、bのタイプの文で

は、（言語的には明示されていないが）グラウンドの地点に位置づけられ、地になるはずの知覚主体 (i.e. 発話者) が、トラジェクターとしての図の機能を担っている。

　以上の (i)、(ii) の対の文において、bのタイプの文の適切性が下がるのは、グラウンド化され地として背景化されるべき知覚主体が、トラジェクターとしての図の機能を担っている点に起因する。

5.　事態把握の論理とイメージスキーマ変換

　一般に、外部世界における対象が複数の個体の可算的な集合体であるか不可算的な連続体であるかは、外部世界を理解していく認知主体とは独立して決定されるように見える。しかし実際には、この種の区別は、問題の対象に対する主体の主観的な認知（ないしは知覚）のモードによって多分に左右される。この点は、次の文を比較した場合に明らかになる。

　1. a.　大量の油が疎水に流れ込んでいった。
　　 b.　買い物客がバーゲン会場に流れ込んでいった。

日常の経験世界では、液体は流れるが個体としての物理的な存在は流れない。したがってこの現実世界の論理からするならば、1のaの文は適切な表現であるが、bの文は文字通りには適切な文とは言えない。後者の文の買い物客は個体としての物理的な存在であり、液体のように流れる訳ではない。したがって、bのタイプの文を文字通りの表現として理解することはできない。同種の表現は、2にも見られる。

　2. a.　街路を人々が叫びながら走っていた。人の流れが一方向に集中して滞留すると、人の群れは街路から溢れだし、並び建っている師団司令部と旅団司令部の庁舎の前にまで人垣を作った。

（新田次郎『八甲田山死の彷徨』: p.5)

b. 地下鉄、国電、私鉄、市電、バス、扇の要のように、この大阪駅へ、群衆は、押し寄せては、また、四方へ流れ出てもいる。

（林芙美子『めし』: p.8）

2のaでは、「人の流れが…」、「人の群れは街路から溢れだし…」の部分、bでは、「群衆は、押し寄せては…四方へ流れ出てもいる」の部分がこの種の表現に対応する。現実世界においては、人間の集団は空間を移動はするが、液体のように文字通りに流れていく存在ではない。したがってこの種の表現は、客観主義の世界観に基づく論理から見るならば、偽の表現と見なされることになる。しかしこのタイプの表現は、認知主体が外部世界の対象を知覚する認知プロセスの観点から見るならば（多分に主観的な表現ではあるが）自然な表現として理解することができる。

　一般に個体の集合を近くで（対象にズームインしながら）見る場合には、基本的に可算な集合として知覚することができる。しかしこの個体の集合から次第に遠ざかり、ズームアウトして遠方から知覚するならば、同じ対象が液体のように不可算の連続体の集合として見えてくるのは自然である。基本的に、個体の集合が可算の状態から、ズームアウトのプロセスを経て不可算の連続体の集合として主観的に知覚されるプロセスは　図11に示される（cf. 山梨 2012: 23）。

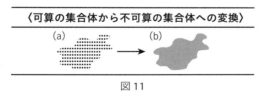

図11

上の1、2のタイプの例は、この種の主観的な知覚を反映した表現と見なすことができる。この主観的な知覚の世界では、個体の集合体も液体のように知覚されることになる[4]。

　ただし液体も、ミクロの分子レベルで見ていくならば、分子の集合体として把握することができる以上、ある対象が可算の集合体として知覚され

るか(あるいは、不可算の集合体として知覚されるか)は、あくまで知覚の精度の問題として相対的に位置づけられることになる。われわれがこの現実世界で液体を流れる存在として知覚するのは、液体が物理的対象として絶対的に不可算な集合体として存在するのではなく、われわれ人間の知覚能力からしてそのように見えるからである。もしわれわれがミクロの世界を見ることができる視力を持っているならば、例えば図12に示されるように、一見したところ不可算に見える集合体が、ズームインのプロセスを経て可算な集合体として知覚できる可能性もあり得る。

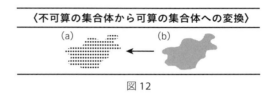

図12

以上の事実は、日常言語における可算／不可算の区分は客観的に決められるのではなく、あくまで外部世界を把握していく主体の主観的な認知プロセスとの関連で相対的に決められることを示している[5]。

6. 言葉のメトニミー性と論理性

一般に、日常言語と論理学の形式言語の本質的な違いに関しては、次のような見解が一般的である。すなわち、日常言語は曖昧で多義性に満ち、非明示的で論理性に欠けているのに対し、論理学における言語表現は一義的で明示的である、という見方が一般的である。論理学の言語表現に関し真偽の判断を下すには、一義的で明示的である点がその前提条件となっている。例えば論理学において、「野球が中止になった」、「太郎は花子のピアノに感動した」、「チンパンジーがバナナを食べた」、「母親が子供にキスした」のような文に関し真偽の判断を下す場合、これらの表現は、いずれも一義的で明示的である点を前提としている。

論理学の述語論理(とくに形式論理学の述語論理)の規定では、この種

の文は、1に示される一項述語（F (x)）ないしは二項述語（F (x, y)）の形式に基づいて、2のような論理形式に変換され、真偽の判断がなされることになる。

1. a. F (x)
   b. F (x, y)
2. a. 中止になった（野球）
   b. 感動した（太郎、花子のピアノ）
   c. 食べた（チンパンジー、バナナ）
   d. キスした（母親、子供）

　2のタイプの命題（ないしはこの種の命題に基づく文）は、一見したところ、一義的かつ明示的で、真偽判断を下す際に何の問題もないように見える。しかし厳密には、この種の文の意味解釈には問題がある。

　その一例として、2の「太郎が花子のピアノに感動した」という文を考えてみよう。一見したところ、この文は一義的で、明示的な表現であり、真偽の判断を下す場合に何の問題もないように見える。しかし厳密には、この文は、その目的語（「花子のピアノ」）が曖昧である。この場合の「ピアノ」はメトニミー表現の一種であり、［ピアノの演奏］、［ピアノという楽器］、等の意味に関して曖昧である。

　基本的に同様の問題は、2の他の例に関してもあてはまる。2のaの「野球」は、［野球の試合］、［野球の放送］、［野球の観戦］、等の意味で一義的には確定できない。2のcの「バナナ」は、［（皮の付いたままの）バナナ］か［（皮を剥いた）バナナ］なのかで曖昧である。また2のdの「子供」は、［子供の唇］、［子供の頬］、等のどの身体の部分がキスされたかに関し一義的には確定できない[6]。

　メトニミー的な意味解釈が問題になる例としては、さらに次のような表現が考えられる。

3. a. 彼は櫛で頭を七、三に分けた。
   b. ブロンドが歩いている。

3の例も、一見したところ何の変哲もない普通の表現に見えるが、意味解釈に問題がある。3aの文の意味を厳密に考えた場合、彼が頭（それ自体を）七、三の割合に分けたのではない。また3bの場合、ブロンドの髪だけが移動する訳ではない。従ってこの種の表現は、文字通りには非論理的な表現である。しかし日常言語では、いずれの表現も慣用的なメトニミー表現として使われ、その意味は自然に理解できる。（3aの文の「頭」は髪の毛を意味し、3bの文の「ブロンド」はブロンドの人物を意味する。）

この種の表現は、日常言語に典型的に見られるメトニミーの認知プロセスに基づいて理解することができる。メトニミーの認知プロセスには、認知ドメインにおける焦点のシフトに関し、基本的に次の2つの方向が考えられる。

その一つは、図13の（a）に示されるように、ある認知のドメインの全体が参照点（R = Reference Point）となり、この参照点からその一部のドメインをターゲット（T = Target）として認知していくプロセスである。もう一つの認知プロセスは、図13の（b）に示されるように、問題の認知のドメインの一部が参照点（R）となり、この参照点から全体のドメインをターゲット（T）として認知していくプロセスである。

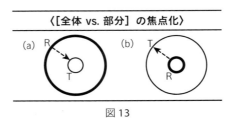

図13

上の3の例における「頭」は［髪の毛］を意味するが、この種の意味解釈は、図13の（a）の認知プロセスを介して可能になる。すなわち、3aの

意味解釈は、参照点（［頭］）‐‐‐→ターゲット（［髪の毛］）の認知プロセスを介して可能になる。この場合の参照点‐‐‐→ターゲットの認知プロセスは、［全体‐‐‐→部分］のメトニミーリンクの関係に基づいている。また、3b の例における「ブロンド」は、［（ブロンドの）人物］を意味するが、この意味解釈は、図 13 の (b) の認知プロセスを介して可能になる。すなわち、3b の意味解釈は、参照点（［ブロンド］）‐‐‐→ターゲット（［（ブロンドの）人物］）の認知プロセスを介して可能になる。この場合の参照点‐‐‐→ターゲットの認知プロセスは、逆に［部分‐‐‐→全体］のメトニミーリンクの関係に基づいている。

　以上の考察から明らかなように、日常言語にはメトニミー的な言語表現が予想以上に広範に存在する。メトニミー表現は、その表層レベルの言語表現それ自体は、論理学の真偽の判断が関わる論理形式を直接には反映していない。メトニミー表現に対し、真偽の判断を下していくためには、以上に見たような［全体‐‐‐→部分］、［部分‐‐‐→全体］、等のメトニミーリンクの認知プロセスに基づく意味の明示的な規定が必要となる。

　これまでの形式論理学や記号論理学の分野では、真偽の判断の対象となる文（ないしは命題）の意味規定に関し、本節で考察したメトニミー的な意味解釈の曖昧性（ないしは漠然性）の問題は無視されている。厳密な意味での論理学の意味モデルを構築していくためには、以上のメトニミー的な意味解釈の綿密な研究が必要となる。

N.B. ただし、メトニミー表現を復元したパラフレーズの表現が、日常言語の表現として常に適切な表現になるとは限らない。次の例を比較してみよう。

(i)　子供がミカンを剥いた。

(ii)　子供がミカンの皮を剥いた。

(iii) a.　?子供の手がミカンを剥いた。

　　　b.　?子供の手がミカンの皮を剥いた。

これらの例のうち、(i) の「子供」という表現の活性化領域（AZ = Active Zone）は「手」、「ミカン」という表現の活性化領域は「皮」として解釈できる。この点で、(i) は厳密にはメトニミー表現の一種と見なすことができる。

しかし、これらの活性化領域の意味を復元したパラフレーズの表現の全てが、日常言語の適切な表現と見なされる訳ではない。例えば、(i) の文の目的語の「ミカン」を「ミカンの皮」とパラフレーズした (ii) の文は、慣用的に適切な表現である。しかし、(i) の文の主語の「子供」を「子供の手」とパラフレーズした (iii) の a、b の文は、日常言語の表現としては、いずれも不適切な表現である。

ここに、ある行為を行う主体ないしは存在は厳密には何なのか、という認識論的な問題が存在する。例えば、上のミカンの皮を剥くという行為の主体（ないしは存在）は、子供なのか、子供の手なのか（それとも子供の手の指）なのか、といった認識論的な問題が存在する。

これまでの言語学や論理学の分野では、この種の認識論的な問題は考察されていない。また、修辞学や言語学の分野におけるメトニミーの研究においても、この問題は研究されていない。以上の問題は、日常言語や論理学における命題の表現において、厳密に論理的な表現とは何か、という問題にも密接に関係している。

メトニミー表現は、科学的記述や論理的記述に使われる言語表現にも認められる。一例として、次の対の文を考えてみよう。

4. a. その教授は、A の重力は B の重力の 2 倍であると ｛予測／仮定／主張｝している。
   b. その理論は、A の重力は B の重力の 2 倍であると ｛予測／仮定／主張｝している。

この対の文は、科学的な書物や論文の記述に使われる典型的な文であり、

一見したところ、どちらも真偽の判断が可能な言明に使われる表現と考えられる。しかし、基本的にあることに関し予測したり、仮定したり、主張することができるのは人間であり、理論のような抽象的な概念は、この種の知的行為を行う主体とはなりえない。この常識的な仮定から見るならば、4のa、bの対のうち、「理論」が主語の位置にきている4bの文は、字義通りには適切な文とは言えない。換言するならば、このタイプの文は、主語─述語の関係を律する選択制限に違反する非論理的な文と言うことになる。

　しかし日本語の語法からするならば、4bのタイプの文も、4aのタイプの文と同様、適切な表現として慣用化している。ここでは、表1に示されるように、4bの文は、4aの文から拡張されたメトニミー表現の一種と考える（cf. 山梨 1995: 28）。

表1

〈主体と理論のメトニミーリンク〉
[メトニミーリンクによる拡張]
A. その［教授］は…を｛予測／仮定／主張｝している。
⋮　　　　⋮　　　　⋮
B. その［理論／仮説／提案］は…を｛予測／仮定／主張｝している。

　表1のAの文（i.e. 4a）からBの文（i.e. 4b）へのメトニミー的拡張は、次のような〈作者↔作品〉の近接性のメトニミーリンクに基づく言語現象と関係している。日常言語の表現の中でも、作者によってその人の作品を意味する表現は、かなり一般的に存在する。5～7は、その典型例である。

5. a.　ブラームスを聴く。──→ b. ブラームスの音楽を聴く。
6. a.　谷崎を読む。──→ b. 谷崎の作品を読む。
7. a.　ベルイマンをみる。──→ b. ベルイマンの映画をみる。

この種の表現は、作者によってその作品を意味するメトニミー表現の一種

と見なされる。この観点から見るならば、広い意味で4bの文の主語の
「理論」は、これを提出する人間（e.g. 科学者、学者、研究者、etc.）と
〈作品↔作者〉の関係にあると言える。このように解するならば、表1の
Bのタイプの表現は、〈作品↔作者〉のメトニミーリンクによる拡張のプ
ロセスを介して、Aのタイプの表現から拡張された表現と見なすことがで
きる。

　もちろん、この種の拡張による規定をしないで、AとBのタイプの構
文を、それぞれ独立した構文として規定する可能性も考えられる。しか
し、この後者の規定に従うならば、問題の動詞（「予測する」、「仮定す
る」、「主張する」、等）は、辞書項目の記述において、Aのタイプの構文
の場合には人間名詞の主語、Bのタイプの構文の場合には無生物主語をと
る特殊な動詞として、各動詞にそれぞれアドホックな定義を与えなければ
ならなくなる。

　これに対し、本書のメトニミー的な規定に従うならば、この種の動詞の
辞書項目には、基本的に人間名詞を主語にとるという選択制限の規定を一
般的に与えておくだけでよい。一見したところ、この選択制限に違反して
いるように見えるBのタイプの構文は、メトニミーリンクを介してAの
基本構文から拡張された自然な表現として規定することが可能になる。し
かもこの場合のメトニミーリンク（i.e.〈作者↔作品〉）の関係は、メトニ
ミー表現の認知的な基盤を構成するかなり一般的なリンクの一つである。
したがって、上で問題にした動詞だけでなく、意味内容から見てこのタイ
プのリンクに関係する人間名詞を主語にとる動詞が与えられた場合には、
一般的にこのメトニミー的な拡張により、Bのタイプの無生物名詞を主語
にとる構文が可能であることが自然に予測されることになる。

　上でも述べたように、科学的な書物や論文の記述に使われる文の中に
も、本節で考察した表1のBのタイプのメトニミー的な表現（e.g.「この
{理論／仮説／スローガン、etc.}は、…を主張している」、"The {theory/
hypothesis/slogan} claims that …"）が広範に認められる。この種のメトニ
ミー表現は、論理学における真偽判断の対象となる例文や命題としても使

われている。しかし、論理学における考察では、この種の表現の使用があまりにも慣用化されているため、メトニミー表現の表層レベルの非論理性は指摘されていない（あるいは理解されていない）。論理学の研究が厳密な学問として成立するためには、本節で指摘した言語表現のメトニミーと命題の論理性（ないしはメトニミー的な命題の真偽判断の適切性）の問題を厳密に考察していく必要がある。

7. メタファーの論理性

　日常言語の論理性を考える場合には、さらに言葉の修辞性の問題が考える必要がある。基本的に、論理的な言語を構成する命題は、いわゆる文字通りの意味（literal meaning）に基づいており、メタファーに見られるような修辞的な意味は論理言語の意味からは除外される。論理における真偽の判断は、文字通りの意味によって叙述可能な命題を前提としている。したがって論理学の世界では、文字通りの意味を規定する命題は考察の対象となるが、比喩的な意味に関わる命題は、論理学の世界からは除外される。さらに言えば、論理学の世界では、比喩的な意味に関わる命題はカテゴリーミステイクに基づく命題として除外される。

　しかしこの見方も、形式言語を前提とする論理学の思考における一面的な見方に過ぎない。日常言語の比喩表現には、自然論理に基づく柔軟な論理性が認められる。例えば比喩表現は、文字通りにはカテゴリーミステイクを犯している偽の命題を内包している。しかし、この比喩表現を使う言語主体の伝達の目的は、この偽の命題の意味を伝えるのではない。比喩表現の機能は、その命題が偽であることを前提にし、実際に意図する意味を推論を介して伝える点にある。この意味で、比喩表現には論理学が対象とする文字通りの言語表現と同様、命題の真偽判断とこれに基づく推論が関わっている。この点で日常言語の表現には、文字通りの表現であれ比喩的な表現であれ、その背後に真偽判断に関わる論理が存在している。

　ここで比喩の代表例である直喩と隠喩の論理性の問題を考えてみよう。

直喩：あの子（A）は天使（B）のようだ。
　　　隠喩：あの子（A）は天使（B）だ。

　直喩の場合には、「あの子」と「天使」（i.e. AとB）の間に何らかの類似性の認識が関わり、この類似性（A IS LIKE B）が断定されている。これに対し隠喩の場合には、この種の類似性は直喩と同じレベルでは断定されていない。隠喩の場合の陳述のメカニズムは、直喩よりも複雑である。隠喩の場合には、まず表層レベルの一次的断定（A IS B）が偽であることが前提となっており、この前提に基づいて、AとBの間の類似性（A IS LIKE B）が二次的に断定されている。

　直喩と隠喩の陳述のメカニズムは、基本的に以上の点で異なる。しかしこの両者の修辞表現は、少なくとも次の前提（i.e.（1）AはBではない。（2）AとBの間に何らかの類似性の認識が関わっている。（3）この類似性の認識は発見的である。）を共有している。

　以上の考察から、直喩と隠喩の論理の共通点と相違点は次のようにまとめられる。

表2

〈前提／断定と比喩の論理〉
(i) 前提：(a) A IS NOT B [A≠B] 　　　　(b) A-B間の類似性の認識 　　　　(c) 類似性の発見的認識
(ii) 断定：(直喩)：A IS LIKE B 　　　　(隠喩)：(a) 一次的断定：A IS B 　　　　　　　　(b) 二次的断定：A IS LIKE B

　直喩の場合には、主部（A）と述部（B）の指示対象に関し、A≠BとA-B間の類似性の認識が前提とされ、この前提のもとに類似性が断定される。したがって、直喩の場合の断定としての命題（A IS LIKE B）は、文字通りの意味では必ずしも偽とは言えない。これに対し、隠喩の場合に

は、やはり A≠B、A-B 間の類似性の認識が前提とされる点は直喩と基本的に同じであるが、この前提のもとに下される一次的断定（A IS B）は、文字通りには明らかに偽である。（すなわち、A IS B はカテゴリーミステイクであり、この点で明らかに偽である。）したがって、隠喩の場合には、この一次的断定の偽の認識と A-B 間の類似性の認識を介し、二次的断定のレベルにおいて、最終的に A-B 間の類似性に関する断定がなされることになる。

　ここで隠喩の下位類に関する考察をしておきたい。一般に隠喩を問題にする場合には、「男は狼だ」のように、カテゴリーミステイクに基づく修辞表現の例が考察の対象となる。実際、本節の以上の直喩と隠喩の比較においても、このカテゴリーミステイクに基づく隠喩が考察の対象になっている。カテゴリーミステイクによる隠喩の文は、基本的に主部と述部の間の選択制限の違反を前提としている。

　しかし、全ての隠喩の表現がカテゴリーミステイク（ないしは選択制限の違反）を前提としている訳ではない。隠喩の中には、表3の (ii) に示されるように、その文レベル（ないしは字義通りの命題レベル）においては、選択制限の違反を犯していない例（すなわち、カテゴリーミステイクを犯していない例）も存在する。これまでの修辞学や言語学の研究では、このタイプの隠喩は等閑視される傾向にあるが、比喩表現の論理性の問題を明らかにしていくためには、この種の隠喩のメカニズムの考察も重要である。

表3

〈隠喩：カテゴリーミステイクの有無〉	
（ミステイク有り）	（ミステイク無し）
(i) a. あの子は天使だ。	(ii) a. 彼は哲学者だ。
b. 彼女は女神だ。	b. 彼女は暗闇の中にいる。
c. 彼は野獣だ。	c. あの男は深みにはまっている
d. 君は母校の宝だ。	d. 彼は新しい畑を耕している。

表3の (i) のタイプの隠喩は、言語使用の場や文脈を考慮しなくても、問題の表現それ自体の主部と述部の選択制限の違反によって、比喩表現としての解釈が可能になる。（例えば (ia) の「あの子は天使だ」という文は、主語の名詞「あの子」([＋human]) と述部の名詞「天使」([-human] の間の選択制限の違反により、比喩表現としての解釈が可能になる。）したがって (i) のタイプの文は、言語使用の場や文脈を考慮しなくても、カテゴリーミステイクを犯している比喩表現として理解できる。

これに対し、(ii) のタイプの表現は、字義通りの表現と比喩表現のいずれの解釈も可能である。しかしいずれの解釈をとるにせよ、(ii) のタイプの表現には選択制限の違反は認められない。(ii) のタイプの表現が比喩表現として解釈されるためには、問題の表現がその発話文脈で何に言及し何を叙述しているかが重要な意味を持つ。

(ii) の一例として「彼は哲学者だ」という文を考えてみよう。このタイプの文には、字義通りには選択制限の違反は認められない。しかし、この文が発話される文脈で、主語の「彼」が言及している人物が哲学者でない場合（しかも、話者と聞き手にとって、明らかに哲学者でない文脈で発話された場合）、この文は偽と判断される。そして、この偽の判断を介して比喩的な解釈が可能となる。基本的に同様の点は、(ii) の他の例にもあてはまる。

以上の発話文脈を考慮した認知的観点から見るならば、いわゆる選択制限の違反に関する (i) のタイプの比喩表現 (e.g.「あの子は天使だ」、「彼女は女神だ」、等）も、発話における言及と叙述の認知機能の観点から統一的に解釈することが可能となる。すなわち、(i) の諸例の選択制限の違反は、主部の指示対象が、問題の発話文脈において叙述の条件を満たしていないと認知される場合に他ならない。したがって、発話文脈を考慮した認知的な観点から見るならば、上の表3の (i) と (ii) のいずれのタイプの言語表現の比喩的な解釈も、問題の発話文脈における言及と叙述の行為の適切性の認知に基づいて統一的に規定していくことが可能となる。

論理学の世界では、文字通りの意味を規定する命題は考察の対象となる

が、比喩的な意味に関わる命題は除外される。しかしこの論理観は、数理言語ないしは形式言語を前提とする論理学の思考における一面的な見方に過ぎない。本節の考察から明らかなように、日常言語の比喩表現には、自然論理に基づく柔軟な論理性が認められる。比喩表現は、文字通りの命題の意味を越える創造的な伝達を目的としている。比喩表現の機能は、文字通りの命題の真偽の判断の認知プロセスを介して、創造的な意味を伝える点にある。この意味で、比喩表現には論理学が対象とする文字通りの命題の真偽判断を越える柔軟な推論の認知プロセスが関わっている。

8. 結語

　これまでの言語学の研究では、言語主体が世界を解釈していく際の認知プロセスと言葉の論理の相互関係に関する研究は殆どなされていない。形式論理の世界では、基本的に平叙文の言明に対応する命題の真偽の判断は問題にされるが、命題に対応する事態の解釈に関わる主体の認知プロセスと命題の論理性の相互関係の考察はなされていない。主体の認知プロセスの中には、視点の投影、焦点化、背景化のプロセスだけでなく、図／地の分化、図／地の反転、スキャニング、参照点起動のサーチング、メタファー変換、メトニミー変換、等の認知プロセスが含まれる。日常言語の論理性を理解していくためには、この種の認知プロセスの考察が重要な役割を担う。本章では、この種の認知プロセスと言葉の論理性の関係を具体的に考察した。以上の考察から、日常言語が、形式言語の論理性を越える、きわめて柔軟で創造的な論理に基づく伝達機能を担っている事実が明らかになった。

　形式論理学における真偽の判断に関わる推論は、人間の思考、判断を特徴づける認知プロセスの重要な一面である。しかし、人間の思考、判断の世界は、真偽の判断に関わる推論だけで成り立っている訳ではない。そこには視点の投影、焦点化、背景化、図／地の分化と反転、スキャニング、等のさまざまな主観的な認知プロセスが関わっている。これまでの言語学

の研究では、真偽の判断に関わる推論や語用論的な会話の含意に関わる推論のプロセスは研究されている。この種の論理的な推論や語用論的な推論は、たしかに日常言語の自然論理を特徴づける一面であるが、自然論理の世界には、さらに本章で考察した多様な認知プロセスが事態把握の真偽の判断に際し重要な役割を担っている。人間の認知プロセスと論理のメカニズムに関する本章の考察は、自然論理に基づく日常言語と論理学の分野における形式言語の比較研究に重要な知見を提供する。

注
(1) ネイティヴの話者によっては、これらの文の適否の判断が微妙に異なる。この種の判断は、あくまで認知対象としての共通の事態のどの部分に焦点（ないしは、スポットライト）を当てるかの違いに左右される。
(2) 基本的に認知的な規定では、主語、目的語は、トラジェクターとランドマークの関係で、以下の図のように規定される（山梨 2004: 111）。

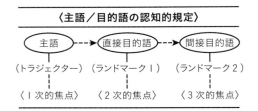

すなわち、1次的な焦点であるトラジェクターは文法的には主語として、また2次的（ないしは3次的）な焦点であるランドマークは目的語として規定される。（認知言語学における以上の主語、目的語の認知的な規定の経験的な裏づけに関しては、Langacker (1990: 9–12) を参照。）
(3) 3bの例（「岩山がだんだん迫って来る」）に対応する文は、文字通りには「岩山に迫って行く」という表現であるが、後者はやや主観的過ぎる表現である。したがって4bでは、このかわりに「岩山に近づいて行く」という表現にする。この表現にかえても、認知主体の物理的移動と知

覚対象の主観的移動に関する図／地の反転の議論には影響しない。

（4） 2の例の「人の流れが…」、「人の群れは街路から溢れだし…」、「群衆は、押し寄せては…四方へ流れ出てもいる」のような表現は、見方によっては、液体でない対象を、液体に見立てる比喩表現と見なすことも可能である。しかしここでは、この種の表現は、ズームアウトの主観的な知覚プロセスに起因する表現と見なす。この種の主観的な知覚が関わる表現としては、さらに次の例の砂の描写が挙げられる。

　　　（i） カメラをかまえたのと、同時に、足下の砂が、きらきらと流れだした。…砂の流れはしばらくやもうともしない。

（安倍公房『砂の女』：p.18）

　　　（ii） 砂のがわに立てば、形のあるものは、すべて虚しい。確実なのは、ただ、一切の形を否定する砂の流動だけである。

（同：p.42）

（5） この事実は、従来の客観的な世界観ないしは言語観を前提とする可算／不可算の文法的な区分だけでなく、単数／複数の文法上の絶対的な区分の問題も、本質的に見直していかなければならないことを示している。

（6） 2dの例の「子供」の意味が一義的に確定できないのは、（問題の表現の意味解釈の候補が有限に決まる曖昧性（ambiguity）の問題ではなく）、むしろ漠然性（vagueness）の問題である。

第5章

言葉の身体性と論理の世界

1. 身体性と言葉の論理

　西洋を中心とする科学的な思考は、基本的に客観主義的な世界観に基づいている。この世界観のもとでは、認知主体の理性的な側面は、感性や想像力、主観的な視点、環境との相互作用をはじめとする広い意味での主体の身体性に関わる要因とは切り離され、理性的な側面から、人間の思考、推論をはじめとする知のメカニズムの探究がなされてきたと言える。この客観主義的な世界観では、思考、推論をはじめとする知的な営みは、身体性に関わる要因とは独立した抽象的な記号の操作によって特徴づけられ、これに付与される意味は、客観的に構築された世界との対応関係（すなわち、認知主体から独立して存在する外部世界との対応関係）によって捉えられるという前提に立っている。この客観主義的な見方によれば、言葉は、身体性に関わる主体の認知的な要因や制約からは独立した世界との対応関係を通してその意味を与えられ、外界と対応する記号が外界の内的表象として規定されることになる。

　この客観主義的な世界観は、計算主義のアプローチを前提とする認知科学の研究の前提になっている。計算主義のアプローチは、思考、推論に関わる情報は、命題、等の分節構造をもつ記号系によって表示されることを前提としている。また思考、推論のプロセスは、記号表示に対する一連の操作（ないしは計算）の過程として捉えられることを前提としている。

　このアプローチは、次のような記号観（ないしは言語観）を暗黙の前提

としている：(i) 記号系は、外部世界と相互作用していく言語主体とは独立に存在し、その体系は命題分節的な記号表示によって規定可能である、(ii) 記号系の背後の意味は、言語外の文脈から独立した指示対象（ないしは概念）として存在する。

この計算主義のアプローチでは、自律的な記号と意味の関係から成ると仮定される形式的な知識の分析に力点が置かれ、その背後に存在する言語主体の認知能力や運用能力から思考、推論を可能とする能力の本質を探究していくという視点が欠如している。換言するならば、これまでの客観主義の科学観に基づく認知科学の研究では、思考、推論をはじめとする理性の営みは、身体性に関わる制約とは独立した抽象的な概念操作によって規定され、この概念操作のプロセスは、外界を反映する内部表象に対する計算のプロセスとして規定可能であるという前提に立っている。

これに対し本書では、思考、判断のメカニズムを、人間の身体経験に根ざす認知能力から根源的に問い直していく。思考、推論、等の概念操作のプロセスは、身体的な経験を反映するイメージ・スキーマに関わる認知プロセスによって動機づけられている。この意味で、身体性の問題を等閑視した知のメカニズムの探究には本質的な限界がある。本章では、日常言語の思考と推論を特徴づける知のメカニズムを、特に身体的な経験を反映するイメージ・スキーマに関わる認知プロセスの観点から考察していく。また以上の考察を通して、日常言語の思考と判断のメカニズムの背後に存在する自然論理の諸相を明らかにしていく。

2. イメージスキーマと推論

日常言語の概念体系のかなりの部分は、身体的な経験に基づくイメージスキーマによって特徴づけられている。この種のイメージスキーマの典型例としては、容器 (Container) のスキーマ、起点―経路―着点 (Source-Path-Goal) のスキーマ、部分―全体 (Part-Whole) のスキーマ、リンク (Link) のスキーマ、中心―周辺 (Center-Periphery) のスキーマ、前―後

（Front-Back）のスキーマ、上―下（Up-Down）のスキーマなどが考えられる。（この種のイメージスキーマの分析に関しては、Johnson (1987: 18–40)、Lakoff (1987: 271–275)、Clausner and Croft (1999)、山梨 (2000: 139–176)を参照。）

日常言語の抽象的な概念の一部は、この種のイメージスキーマによって比喩的に特徴づけられている。例えば、カテゴリーの概念は容器のスキーマによって、階層構造は部分―全体と上―下のスキーマによって、関係の概念はリンクのスキーマによって、またカテゴリーの分布関係を規定する放射状構造は中心―周辺のスキーマによって比喩的に特徴づけられている（cf. Lakoff 1987: 283)[1]。

また、この種の抽象的な概念体系を特徴づけるイメージスキーマは、焦点化、スーパー・インポジション、等の認知プロセスを介して、日常言語の推論プロセスの発現を可能としている。その一例として、「XがAのカテゴリーに属し、AがBのカテゴリーに属すならば、XはBのカテゴリーに属す」という演繹的な推論のプロセスを考えてみよう。伝統的な形式論理学や記号論理学の規定では、この種の推論プロセスは、次のように形式的な記号と記号間の関係に基づいて定式化される。

1.　X is in A
　　A is in B
　　――――――――――
　　Therefore, X is in B

この種の論理学における形式的な規定から見るならば、演繹的な推論の世界は、外部世界に関するわれわれの経験的な基盤からは独立した、形式的な記号操作によって定式化することが可能な世界として位置づけられることになる。

しかし、認知的な視点から見た場合、一見したところ純粋に形式論理の世界に属するように見えるこの種の推論も、図1に示される容器のイメージスキーマと焦点化、スーパー・インポジション、等の認知プロセスの相

互作用を介して規定することが可能になる。(この線に沿った推論の再規定に関しては、さらに Lakoff (1988: 141–142) を参照。)

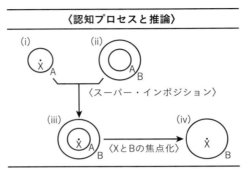

図1 (山梨 2004: 25)

イメージスキーマに基づく認知的な規定では、カテゴリーは容器のスキーマとして比喩的に概念化される。換言するならば、カテゴリーは、抽象的な容器の一種として理解される存在である。したがって、このイメージスキーマに基づく認知プロセスから見るならば、「XがAのカテゴリーに属し、AがBのカテゴリーに属すならば、XはBのカテゴリーに属す」という抽象的な言明は、「XがAという容器の中に存在し、AがBの容器の中に存在するならば、XはBの容器の中に存在する」という容器の包摂関係に基づく理解のプロセスとして再規定することが可能となる。

図1は、この容器のスキーマの包摂関係に基づく理解のプロセスを、イメージスキーマと焦点化、スーパー・インポジションの認知プロセスに基づいて明示している。図1の (i) はAの容器におけるXの存在、(ii) はBの容器におけるAの存在を示し、(iii) は (i) の (ii) に対するスーパー・インポジションの認知プロセスの結果を示している。さらに、(iv) は、(iii) におけるXとBの容器の焦点化の結果 (別の観点からみるなら、(iii) におけるAの容器の脱焦点化ないしは背景化の結果) を示している。

この規定に従うならば、ある存在の属性に関わる推論も、容器のイメージスキーマと焦点化、スーパー・インポジションの認知プロセスに基づい

第5章　言葉の身体性と論理の世界　101

て理解することが可能になる。

　例えば、2のような典型的な三段論法に基づく推論を考えた場合、牛は哺乳類という集合の容器に属し、哺乳類の集合は動物の集合の容器に属す。したがって、牛は、動物の集合の容器に属することが、具体的な容器の包摂関係に基づいて理解される。

　2.　牛は哺乳類である。
　　　哺乳類は動物である。
　　　従って、牛は動物である。

　伝統的な形式論理学（ないしはこの論理学を形式的に定式化した記号論理学）の枠組みでは、この種の推論は、前提、結論に関わる命題の意味内容を捨象した形式的な記号表示とこの記号表示に対する形式的な操作に基づいて規定される。例えば、2のように日常言語で表現される三段論法の推論は、これを構成する前提と結論の命題を記号化し、（各命題の意味内容とは独立した）形式的な記号の推移律（transitive law）の操作に基づいて規定される。ここで、2の三段論法における牛（cow）をC、哺乳類（mammal）をM、動物（animal）をAとするならば、2の三段論法の推論は、3のような推移律に基づく記号の操作によって規定される[2]。

　3.　C is in M
　　　M is in A
　　　従って、C is in A

同様に、ある存在PがQよりも大きく、QがRよりも大きいならば、P、Q、Rの関係は、形式的な記号の操作に基づいて次のように規定される。

　4.　P > Q
　　　Q > R

$$\frac{}{\text{従って、} P > R}$$

思考、判断のプロセスの定式化の観点から見るならば、この点に、伝統的な記号論理学の利点があると言える。

　しかし、人間の思考、判断のプロセスには、この線に沿った記号計算に基づく論理によっては予測できない推論の問題が存在する。次の例を考えてみよう。

　　5. 彼のポケットにはコインがある。
　　　　彼はトイレにいる。
　　　　──────────────────
　　　　？従って、コインはトイレにある。
　　6. 私は右足に痛みを感じている。
　　　　私の右足は革靴の中にある。
　　　　──────────────────
　　　　？従って、右足の痛みは革靴の中にある。

前提と結論に関する形式の観点から見るならば、5、6は、典型的な三段論法の形式に沿った推論のパタンを示している。5の場合、コインがある人の着ている服のポケットに存在し、その人がトイレの中にいるならば、コインは物理的にはトイレの中に存在すると言える。また、6の場合、自分の右足に痛みが存在し、その足が革靴の中にあるならば、理屈の上では問題の痛みは革靴の中に存在することになる[3]。

　しかしこの種の推論は、包摂関係にあるべき容器の均一性を無視した推論であり、適切な推論とは言えない。5、6のタイプの三段論法の推論は、形式的には、本節のはじめに考察した1のタイプの推論と同じパタンに基づいている。しかし両者に関しては、本質的に次のような違いが存在する。

　1のタイプの推論では、包摂関係にあるべき空間的な容器の間の均一性が成り立っている。これに対し、5、6のタイプの推論では、包摂関係にあるべき容器の均一性は保持されていない。より具体的に言うならば、1

第5章　言葉の身体性と論理の世界　103

の場合には、含む容器と含まれる容器（ないしは含まれる容器と含む容器）の間に空間的な均一性が認められる。換言するならば、1のタイプの推論の場合、包摂関係にある空間の存在モードには均一性が認められる。これに対し、5の場合のコインのポケット対する空間的な存在のモードは、彼のトイレに対する空間的な存在のモードとは質的に異なる。同様に、6の場合、右足における痛みの存在のモードは、靴における右足の存在のモードとは明らかに質が異なる。（この場合、右足における痛みの存在は、字義通りの物理的な空間における存在のモードではなく、身体的な経験領域における存在のモードに関係している。）

　以上の事実は、日常言語に反映される人間の思考、判断に関わる推論の一部は、（前提、結論に関わる命題の意味内容を捨象した）形式的な記号表示とこの記号表示に対する記号計算に基づく形式論理学（ないしは記号論理学）では適切な予測ができないことを示している。日常言語に関わる人間の推論のメカニズムを明らかにするためには、記号表現の意味内容を反映する人間の空間認知、運動感覚、身体感覚、等の経験に関わる具体的な制約を考察していく必要がある[4]。

3.　推論とスキーマの比喩写像

　記号の自律的な形式操作を前提とする伝統的な論理学は、推論、判断に関わる概念は、言語主体の経験的な基盤からは独立した数理的な演算によって形式的な規定が可能であるという前提に立っている。しかし前節の考察からも明らかなように、推論、判断に関わる人間の心的な行為は、根源的には外部世界と相互作用していく人間の空間認知、空間移動、等に関わる身体的な経験に根ざす行為として理解される。この種の身体的な経験のうち、特に空間移動に関わる身体的な経験は、〈起点―経路―着点〉のイメージスキーマに反映されている。

　生物の基本的な行動の一つは、外部世界ないしは環境世界において、ある場所から何らかの経路を通って他の場所に移動するという行動である。

この行動は、人間だけでなく空間移動に関わる生物の基本的な行為に根ざす身体的な経験を作り上げており、この種の経験が、〈起点―経路―着点〉のイメージスキーマの形成の背景になっている。一見したところ、このスキーマは、人間の思考、判断のプロセスや概念体系とは関係がないようにみえる。しかし、思考、判断が関わる知のメカニズムの発生の過程においては、〈起点―経路―着点〉のイメージスキーマが重要な役割を担っている。この点を確認するための一つの重要な手がかりは、日常言語にある。

　日常言語には、この〈起点―経路―着点〉のイメージスキーマに基づく多様な表現が存在する。日常言語におけるこのスキーマの文字通りの表現は、1 に示される。

　　1. a.　子供達は、通学路を通って学校に行った。
　　　　b.　彼は、松本から木曽路を通って名古屋にやって来た。
　　　　c.　博多を出発した一行が、熊本を経て鹿児島に達した。

　日常言語には、1 のタイプの〈起点―経路―着点〉を意味する文字通りの表現だけでなく、〈起点―経路―着点〉のスキーマに基づいて抽象的な概念を比喩的に表現する事例が広範に存在する。例えば、推論の前提や結論といった概念は、前提が起点、結論が着点という比喩を介して理解される。換言するならば、〈起点―経路―着点〉のスキーマは、次の例に示されるような推論を特徴づける前提と結論の比喩的概念の発現の経験的な基盤になっている。

　　2. a.　その政治家の演説から、彼の再選はあり得ないという結論に至った。
　　　　b.　警察は母親の証言から、少年が無実であるという結論に達した。
　　3.　彼はせっかくこの問題を提供して自己の思索力に訴えながら、ついに何等の結論に達せずしてやめてしまった。
　　　　　　　　　　　　　　　　（夏目漱石『我輩は猫である』：p. 340）

4. a. PとQの前提から、結論Rに至る。

   b. PとQの前提から、Rの帰結に達する。

5. a. From her explanation, we came to the conclusion that she is not guilty.

   b. They finally reached the conclusion that they had made a right choice.

これらの例の「から」、from によってマークされる表現は、前提（ないしは前提となる証拠）が〈起点―経路―着点〉のイメージスキーマの〈起点〉に対応し、また、「に」、to、によってマークされる表現は、結論（ないしは帰結）が〈到達点〉に対応することを示している。また、「至る」、「到達する」、「達する」、come、reach は、前提（ないしは前提となる証拠）から結論への推論のプロセス自体が、起点から経路を通って着点に至る物理的な移動に対応することを示している。

〈起点―経路―着点〉のイメージスキーマが関わる例としては、次の例が特に興味深い。

6. From asking at doors and being constantly rebuffed or denied, he finally came to the conclusion that she might be ... within the sound of his voice.　　　　　　　(Theodore Dreiser, *The Lost Phoebe*: p. 182)

6の from の目的語によって指示されている行為そのものは、論理的な意味での前提ではない。しかし、この行為の結果から含意される情報が、比喩的な〈着点〉としての結論に至るための前提 (i.e. 比喩的な〈起点〉) として理解される[5]。

この種の事実は、推論、判断に関わる〈前提〉と〈結論〉の概念は、次の図に示されるように、空間移動に関わる身体的な経験の比喩写像の認知プロセスによって発現することを裏づけている[6]。

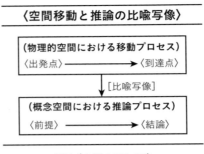

図 2（山梨 2012: 84）

　以上の事実は、日常言語の推論に関わる心のプロセスは、外部世界と相互作用していく人間の空間認知と空間移動に関わる身体的な経験に根ざしていることを示している。記号の自律的な形式操作を前提とする形式論理学では、真偽に関わる推論のプロセスは、言語主体の経験的な基盤からは独立した記号計算による形式的な規定が可能であるという前提に立っている。しかし以上の考察から明らかなように、真偽の判断に関わる人間の心的な行為は、根源的には外部世界と相互作用していく人間の空間認知と空間移動に関わる身体的な経験を基盤とする具体的な確認の手続き（ないしは確認のプロセス）に根ざす行為として理解される[7]。

4.　因果関係とイメージスキーマ

　一般に原因・結果のような因果関係に関わる概念は、基本的で抽象的な概念であり、われわれの思考、推論の基盤となるプリミティヴな概念のように考えられている。換言するならば、この種の概念は、われわれの身体的な経験からは独立した生得的な概念であり、これに基づいて因果的な推論が可能になると考えられている。しかしこの種の概念も、根源的には、空間認知、空間移動、等に関わる身体化された経験からの比喩的な拡張によって発現し、日常言語の概念体系の一部に組み込まれている。

　この点は、次の例から明らかになる。

第5章 言葉の身体性と論理の世界　107

1. a. 空腹からおもわず道に倒れた。
   b. 経営赤字から会社が倒産した。 （山梨 1995: 53）
2. a. His mother nearly went crazy from loneliness.
   b. He dropped from exhaustion. （Lakoff and Johnson 1980: 75）
3. a. They shivered from the cold.
   b. The cat died from starvation
   c. He became deaf from the explosion.
4. a. She is tired from overwork.
   b. She was tired from running up the slope.

日本語の格標識の「から」や英語の前置詞の from は、基本的には〈起点〉を示すが、1〜4 の例では、これらの表現が原因の意味に比喩的に拡張されている。
　以上の例では、〈着点〉を示す格標識や前置詞は表現されていない。しかし、5 の例のから明らかなように、〈起点〉が比喩的な拡張を介して原因として解釈されるのに呼応し、〈着点〉が比喩に結果に拡張されている例も存在する。

5. a. 昨夜の大火で、そのホテルは灰燼に帰した。
   b. 長い鍛錬を経て、彼はついにその道の達人になった。

5 の例では、基本的に〈着点〉を意味する「に」が結果の意味に比喩的に拡張されている[8]。
　基本的に同様の比喩的拡張は、英語の to と into の用法に見られる。

6. a. You are dust, and to dust you shall return.

（The Old Testament, *Genesis*: 3.19）

   b. The pottery has gone down to a dollar.

（Philip F. O'Connor, *Gerald's Song*: p.186）

c. The blue fire burst and scattered into whirling sparks … .
   （Aldous Huxley, *The Gioconda Smile*: p. 97）

以上の〈起点／着点〉から〈原因／結果〉の因果関係への比喩的拡張は、図3に示される[9]。

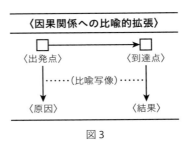

図3

　一般に、因果関係に関わる概念は、真、善、美、等の概念と同様、われわれの概念体系に先験的に存在するプリミティヴな概念のように考えられている。科学の世界において自然現象の説明を試みる場合にも、因果関係の概念は、当該の現象を説明するためのメタ的な抽象概念と考えられている。また自然現象の変化のプロセスは、この因果的推論のプロセスによって解明されるという前提に立って研究が進められ、因果関係に基づく推論のプロセス自体の概念的な基盤を根源的に問い直す試みはなされていない。

　本節で指摘した以上の事実は、因果関係のように、一見したところ抽象的でわれわれの身体的な経験から独立して存在するように見える概念も、根源的には、空間認知、空間移動、等に関わる身体的な経験に根ざす比喩的な拡張によって発現することを示している。因果関係の概念の位置づけは、人間の思考のメカニズムの解明や幼児の認知発達における概念獲得の解明においても重要な役割を担う。本節の因果関係に関わる言語表現の分析は、言葉の意味の研究だけでなく、人間の知のメカニズムに関わる認知科学の関連分野の研究にも重要な知見を提供する。

5. 比喩写像とイメージスキーマ

　前節までの考察では、ある具体的な概念領域から抽象的な概念領域への比喩写像に関わる現象を考察してきた。ここで興味深いのは、この比喩写像のプロセス自体も、〈起点―経路―着点〉のイメージスキーマの比喩写像に基づいているという点である。

　基本的に比喩写像は、図3に示されるように、具体的な経験領域に関わる特性をより抽象的な概念領域に関連づける写像として規定される。この場合、前者の経験領域は、〈起点―経路―着点〉のイメージスキーマの起点、後者の概念領域は着点、そして前者から後者への写像のプロセスは経路に対応する。

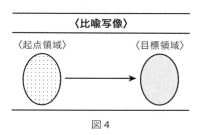

図4

　一般に比喩写像では、図4に示されるように、起点領域の特性が目標領域に関連づけられる全域写像（total mapping）として規定される。以下の図5は、起点領域の特性（各点が特性を示す）が目標領域に1対1の関係で対応づけられることを示している。

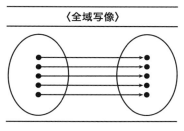

図5

110

　比喩の基本的な機能は、ある対象の具体的な特性によって他の対象を譬える点にある。この機能は、ある対象の具体的な特性を他の対象に写像するプロセスと言い換えることができる。しかし、前者の具体的な特性の全てが、後者に写像される訳ではない。この比喩写像に関わる特性には、ある一定の認知的な制約が認められる。この点は、「男は狼だ」のような比喩の典型例から明らかになる。基本的に、狼のイメージのプロトタイプ特性と中核特性の一部は表1に示される（山梨 2012: 44）。

表1

〈プロトタイプ特性と中核特性〉

A. プロトタイプ特性：{〈危険〉、〈獰猛〉、〈陰険〉、等}
B. 中核特性：{〈動物〉、〈四つ足〉、〈体毛〉、等}

「男は狼だ」という比喩の目標領域は譬えられる対象としての男、その起点領域は譬えに使われる存在としての狼である。この場合、狼を特徴づけているプロトタイプ特性と中核特性のうち、基本的に目標領域に写像されるのは、中核特性（〈動物〉、〈四つ足〉、〈体毛〉、等の特性）ではなく、プロトタイプ特性（〈危険〉、〈獰猛〉、〈陰険〉、等の特性）である。（プロトタイプ特性と中核特性の区分に関しては、山梨（1988: 20–23）を参照。）この点は、「あの男は狼みたいに {危険だ、獰猛だ}」のような表現は適切であるが、「（？）あの男は狼みたいに {四つ足だ、体毛がある}」のような表現が不適切であるという事実によって裏づけられる。図6は、プロトタイプ特性は起点領域から目標領域へ写像可能であるが、基本的に中核特性は目標領域へ写像されないことを示している（山梨 2012: 45）。

第5章　言葉の身体性と論理の世界　111

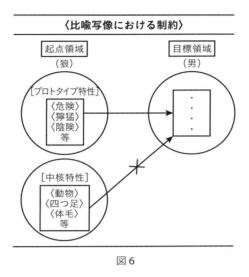

図6

数学的な写像の関係で見るならば、以下の図7に示されるように、基本的に比喩写像は、全域写像ではなく部分写像として規定される。

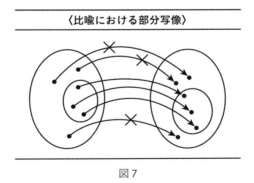

図7

図7の起点領域の中の小さなサークルで囲まれている特性はプロトタイプ特性、このサークルの外の特性は中核特性を示している。

　以上の考察は、比喩の認知プロセスも、〈起点—経路—着点〉のイメージスキーマのメタファー的な写像に基づいていることを示している。〈起

点―経路―着点〉のイメージスキーマは、概念的にはかなり抽象化されたスキーマの一種と考えられるが、この種のスキーマは、根源的には生物がある地点から他の地点に向かって移動する空間移動の身体的な経験に根ざしている。一見したところ複雑で抽象的に見える人間の概念操作は、想像以上に、この種の身体的な経験によって動機づけられている[10]。

N.B. 数学において、一方のxが決まると他方のyが決まる場合、yはxの関数として規定される。この関係は、図 (i) に示される。

$$X \xrightarrow{f} y$$

図 (i)

この対応関係は、一種の写像として理解することも可能である。関数のこの規定は抽象的であるが、図 (ii) に示される自動販売機のブラックボックスの変換として比喩的に理解することもできる。

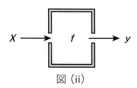

図 (ii)

また、イメージスキーマの観点から見た場合、この変換装置は、〈容器〉のイメージスキーマと〈起点―経路―着点〉のイメージスキーマによって理解することもできる。図 (ii) は、ブラックボックスとしての変換装置を示しているが、このボックスは、xがインプットとして入力され、yがアウトプットとして出力される点で、〈容器〉のイメージスキーマとして理解される。また、このブラックボックスの内部空間を経路と見なし、xのスタート地点を起点、yの到達地点を着点と見なすならば、この変換装置は〈起点―経路―着点〉のイメージスキーマとして理解される。

ポアンカレは、以上のような関数という概念には言及していないが、数理的な世界において、公理を入力すると定理が出力として引き出されるよ

うな装置を、豚からハムを作り出す機械に喩えている。

> シカゴには、はいるときには生きていた豚が、出て来るときにはすでにハムとなり腸詰と変化しているという如き途方もない機械があるという。或はもし好むならば、丁度その機械のように、一端から公理を入れると他端から定理が引き出されるという如き機械を考えてもよい。　　　　（アンリ・ポアンカレ『科学と方法』：pp.156–157）

「関数」に相当する英語の "function" は、基本的には［機能、働き］の意味で使われているが、以上のハムの製造の機械や自動販売機の喩えは、関数の基本的な機能を比喩的にイメージ化している。

6.　否定の論理と空間認知

　否定は、人間の思考、判断を特徴づける論理の世界において重要な役割を担っている。しかし、これまでの言語学の研究や、論理学、心理学、等の認知科学の関連分野において、一般に否定の概念が人間の思考、判断において根源的にどのような特徴をもち、どのように発現してきたかという問題は考察の対象とはなっていない。本節では、この問題を、日常言語の否定表現（特に、間接的な否定表現）の具体事例の分析を通して考察していく。

　一見したところ、否定の概念は自明であり、どの言語においてもその概念体系の中核を成す基本的な概念として存在しているように考えられる。例えば、英語をはじめとする印欧語の否定辞（not, nicht, etc.）は、論理的に直接的な否定を意味する語であり、この種の否定辞が根源的にどのように発現してきたかという問題は、言語学や論理学、心理学等の関連分野では問題とされない。この点で、日本語の否定に関わる表現（特に、間接的な否定表現）は興味深い。一般に、日本語の否定辞の典型例としては「ない」が考えられる。この否定辞は、上記の印欧語の否定辞と同様、論理的

に直接的な否定を意味する語のように考えられる。しかし認知的な視点から見た場合、この否定辞も、空間認知に関わる日本語の間接的な否定表現と同様、根源的には、知覚、運動感覚、等に関わるわれわれの身体的な経験に根ざす否定表現の一種と考えられる。

　本節では、この問題を明らかにしていくために、空間認知に関わる日本語の間接的な否定表現を考察していく。空間認知に関わるイメージ経験は、否定概念の発現の背景的な基盤になっている。この点は、1、2の例から明らかである。

1. a.　それは問題外だ。
   b.　Out of doubt, the man is not guilty.

1の「〜外」、out ofは、文字通りに場所・空間のある領域をマークする表現として使われるだけでなく、間接的な否定表現としても使われる。1のaの「問題外」は問題ではないことを意味し、bの out of doubt は疑いが無いことを意味する。類例としては、以下の例が考えられる。

2. a.　彼は権限外のことをした。
   b.　それは私の専門外である。
   c.　これはあなたの管轄外だ。

これらの例は、権限、専門、管轄のような特殊能力ないしは権利に相当する概念が、ある限定された場所ないしは空間の領域（すなわち、場所・空間的に限定された容器）に比喩的に見たてられ、この種の能力、権利の否定が、この限定された容器の外側の領域として理解されている。この空間認知のイメージは、図8に示される。（図8の網かけの部分は、限定された容器の外側の否定の領域を示すものとする。）[11]

第5章　言葉の身体性と論理の世界　　115

図8

　空間認知が関わるこの種の英語の否定表現としては、1bの他に次の例が挙げられる。

3. a.　That is outside my control.
   b.　It's outside of his authority.
   c.　This is out of my line.

N.B.　ヴェン図（Venn Diagram）における補集合の領域も、基本的には空間認知が関わる領域の視覚的な図式化に基づいている。一般に、以下の図に示されるように、ヴェン図では、全体集合Uのうち、集合Pを除いた残りの部分をPの補集合として〜Pで表示する。

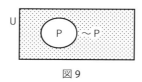

図9

　この場合、Pの集合の白いサークルの外の空間領域が、Pの〈否定〉の領域として規定される。この種のヴェン図の集合の真偽に関する規定も、基本的には、われわれの空間認知の経験に根ざしている。

　空間認知の基づく間接的な否定表現としては、次の例も興味深い。

4. a. この物語は私達の理解を越えている。
   b. His lecture is beyond my understanding.

4の例では、「越えている」、beyondという空間移動に関わる表現が使われている。類例としては、「その任務は彼の能力を越えている」、「もう我慢の｛限度／限界｝を越えてしまった」などが挙げられる。これらの表現は、それぞれ「その任務は彼にはできない」、「もう我慢できなくなった」を間接的に表現している。

この種の例は、一見したところ、1～3の類例のように見えるが、否定の対象となる世界の限定性に関し厳密には異なる。後者の場合には、（否定に対する）肯定の世界が、何らかの限定された境界をもつ容器としての場所ないしは空間と見なされている。これに対し、4の場合には、この種の限定された空間は前提とされてはいない。この場合には、否定の世界がある水準を越えた領域と見なされている。この空間認知のイメージは、図10に示される。（図10の中央の線は、ここで問題とされている水準を越える際の境界を示している。）

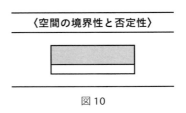

図10

この種の間接的な否定表現は、5、6の英語の表現にも見られる。（6は、ビートルズの歌詞の一節であるが、この例では、最後の行の述部の表現（…beyond compare）がこの種の間接的な否定を示している。）[12]

5. a. His conduct was {above/beyond} reproach.
   b. The lecture is {above/beyond} my {understanding/comprehension/head}.

第5章　言葉の身体性と論理の世界　　117

    c. His behavior is {above/beyond} praise.

    d. She is past hope of recovery.

    e. That is {past/beyond} comprehension.

    f. Her remark is {past/beyond} endurance.

    g. He did an act in excess of his authority.

6. Well, she was just seventeen.

    You know what I mean.

    And the way she looked was way beyond compare.

                       (The Beatles: *I Saw her Standing There*.)

　空間認知に関わる間接的な否定表現としては、さらに次の例が考えられる。

7. a. それは真実からは程遠い。

    b. 彼等は的外れなことばかり言う。

    c. 君の答は正解からはずれている。

    d. それは周辺的な問題だ。

8. a. That is far from true.

    b. The answer is {off/wide of} the truth.

    c. The case is a quite peripheral matter.

    d. What you just said is off the main point.

これら例では、ある空間の中心領域に対し、これからはずれた領域（あるいは遠い周辺的な領域）が否定性に関わる領域と見なされている。この空間認知のイメージは、図11に示される。この図の真中の小さなサークルは、真実ないしは問題の核心にあたる領域、この中心から離れた網かけの領域は、この中心から遠い周辺的な領域を示すものとする。

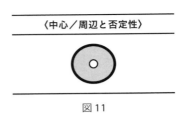

図 11

N.B. ここで問題にしている間接的な否定表現は、中心／周辺ないしは遠／近に関わる表現である。これに対し有光（2011）は、長／短に関わる言語表現の一部が、間接的な否定表現の一種として慣用化している事実を指摘している。次の英語の例の short は、数量に関する否定的表現の一種と解することができる。

    (i)   John is in short of money.
    (ii) We are in short of hands.
    (iii) Water is in short supply.
    (iv) She is short on money and long on ambition.

(有光 2011: 103)

ただし、(i)〜(iv) の short は、字義通りに「ない」（ないしは not）の意味を間接的に表現している訳ではない。この表現は、ある数量の基準値（norm）を設定した場合、問題の数ないしは量がこの基準値まで達していない（i.e. 不足している、足りない）という意味で使われている。

もう一つの間接的な否定に関係する興味深い例として、有光（2011）は、英語の -less、-free のような例を挙げている。前者の具体的な表現としては careless、harmless、motherless のような例、後者の具体的な表現としては sugar-free、tax-free、China-free のような例が存在する（ibid.: 114–115）。China-free という表現は、慣用化された表現ではないが、かつて米国で中国からの輸入食品が危険視された時に使われた造語である。（この種の表現に関しては、さらに有光（2011: 114–120）を参照。）

ここまでの間接的な否定表現には、基本的に空間の〈内・外〉、〈境界〉、〈中心・周辺〉などの空間認知の経験が関係している。これに対し、次の例はどうか。

9. a. この男は常識に欠けている。
    b. 彼女は認識不足だ。
    c. 君は熱意が欠けている。
    d. あの動物には知性が欠如している。

これらの例に対しては、基本的に「この男は常識的ではない」、「彼女は認識できていない」、「君は熱心ではない」、「あの動物は知的ではない」のような否定表現のパラフレーズが可能である。この種の例は、一見したところ、上に見てきた空間認知に関わる事例とは関係していないように見える。しかしこのタイプの表現は、ある対象（ないしは存在）の欠如の叙述に関わっている点で、図12に示される容器と存在の有無に関わる空間認知が関係している。

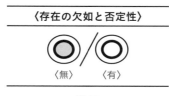

図12

図12の左右の外側の細線のサークルは、容器のイメージスキーマを示している。右のスキーマの内側の太線のサークルは、容器の中の何らかの存在を意味する。これに対し、左の容器のスキーマの内側の網かけの部分は、存在を欠く無の空間を示している。この後者の容器の図から明らかなように、上の9のタイプの例は、抽象的な存在（e.g. 常識、認識、熱意、知性）が、容器としての主体に欠如している状態を表現することにより、その主体が常識的でないこと（認識していないこと、等）を比喩的に表現

している。類例としては、さらに次のような表現が考えられる。

10. a. あの男は節度を欠いている。
    b. 政府の政策は一貫性を欠く。
    c. その学生は誠実さを全く欠いていた。
11. a. He {is wanting in/lacks} common sense.
    b. The Government lacks consistency in its policy.
    c. There was an utter absence of sincerity in the student.

以上の日本語における欠如と否定性の問題は、日常言語の否定性を一般的に考察していく上で興味深い。Langacker は、認知的な観点から、日常言語の否定を図13のように規定している（Langakcer 1991: 134）。

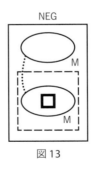

図13

図13は、基本的な否定の機能を示す認知図式である。この図においてMでマークされる下の楕円のサークルは否定の背景としてのメンタルスペース（M = mental space）を示し、この楕円の中の太線のボックスは問題の対象を示す。これに対し、上の楕円のサークルは、対象の不在を意味するメンタルスペースを示している。（また、上と下の楕円を結ぶ点線は、この二つのメンタルスペースの同一性を示している。）図13に基づくLangacker (1991) の規定では、否定の機能は、下の楕円のメンタルスペースに存在すると仮定される対象が、上の楕円のメンタルスペースの領域にお

いて不在であることを認知する点にある。

　以上のLangackerの否定の認知的な規定と本節に見た日本語の欠如に関する否定の問題は、否定のメカニズムに、空間領域の認知とこの領域における対象の不在の認知が関わっている点で興味深い。ただし、本節で考察した日本語の否定に関する言語表現は、直接的な否定を意味する言語表現ではなく、あくまで間接的な否定表現である。これに対し、Langackerの否定の認知的な規定は、英語の直接的な否定辞の規定であり、以上の日本語の否定表現の規定とは異なる。

　ただし、日本語の直接的な否定表現（i.e. 否定辞「ない」）の認知機能は、図13に示されるLangackerの否定の認知的な規定と関係している。日本語の直接的な否定表現の「～がない」は、字義通りには「～が無い」（すなわち、「～がある領域に存在していない」）を意味する。この日本語の否定表現は、一見したところ、直接的に存在の不在の空間（ないしは不在の領域）を意味しているように見える。しかしこの種の否定表現の機能は、（この不在の空間ないしは領域の直接的な認知を意味するのではなく）問題の空間（ないしは領域）に当該の対象が存在すると仮定し、この仮定された場における存在の不在を認知する点にある。この点で、日本語の直接的な否定辞（「ない」）の認知的な機能は、Langackerの規定する否定の認知的な機能と関係している[13]。

　一般に、抽象的な思考や論理的な思考は、空間認知をはじめとする言語主体の身体的な経験とは独立して存在するように見える。しかし、一見この種の経験から独立しているように見える思考の世界も、根源的には、言語主体と外部世界との相互作用や外部世界の空間認知に関わる能力に根ざしている。例えば、三段論法の推論のプロセスは、容器のスキーマの包摂関係が関わる空間認知の能力（ないしは、容器のスキーマの包摂関係に関する概念化の能力）に根ざしている（cf. Lakoff 1987: 353–354、山梨2004: 23–29）。また、本節で考察した間接的な否定表現に関わる事実は、抽象的に見える思考能力や論理能力が、根源的に空間認知をはじめとする言語主体の身体的な経験に動機づけられていることを示している。

7. イメージスキーマと数学の論理

　われわれの概念体系を特徴づけているイメージスキーマとメタファーは、数学における基本的な概念の理解に関しても重要な役割を担っている。例えば、等式の基本関係であるイコール（＝）の概念は計算において重要な役割を担っているが、この基本的な関係は、次のような天秤のイメージに基づいて理解される（図14）。

図14

この天秤のイメージは、等式の基本的な関係を理解する際のメタファーとして機能する。このメタファーは、起点領域の天秤に関わる概念のある基本特性を、目標領域の等式に関わる概念領域に写像する役割を担っている。このメタファーに基づく写像により、起点領域と目標領域の間に、次のような対応関係が成立する。

表2

〈起点領域〉		〈目標領域〉
天秤	→	等式
左右の皿		左辺と右辺
左右の皿の錘り		左辺と右辺の値
天秤の釣り合い		左辺と右辺の同値

　この種のメタファーに基づく等式の基本関係の理解の一例としては、等式 $(x+7=10)$ の基本的な同値関係をイメージ的に示す図15が考えられる。

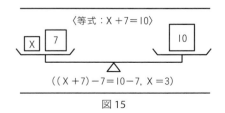

図15

基本的に釣り合っている天秤の左右の皿から等しい重さの錘りを取り除いても、天秤は釣り合っている状態を保持する。等式における同値の関係は、天秤に関するこの種の特性に基づいて比喩的に理解される。

　例えば図15は、天秤の左の皿にXの重さの錘りと7の重さの錘り、右の皿に10の重さの錘りが載っていて、釣り合いが取れている状態を示している。この場合、左の皿のXの錘りの重さは未知であるが、この重さの値は、左右の皿から等しい重さの錘り（この場合は7の重さ）を取り除いた後の左右の天秤の重さとして理解される。天秤の左右の皿から7の重さの分量を取り除いても、左右の皿の残りの重さは同じであり、釣り合いを保つ。一般に、x + 7 = 10の等式におけるxの値は、抽象的な代数の演算操作（この場合には、この等式の左辺と右辺から7を引く演算操作）によって計算される。このように等式の両辺から同じ数を引いても等値の関係が成り立つという数学的な計算のプロセスは、物理的な平衡バランスに関わる身体的な経験からは独立して存在するプロセスのように考えられる。しかし、一見したところ抽象な概念操作として自律的に存在するように考えられるこの種の計算も、根源的には、以上に見たような身体的な平衡バランスの経験に基づくメタファー（i.e. バランスのイメージスキーマに基づくメタファー）を介して理解されている[14]。

8.　視覚的同一性とイメージスキーマ

　以上の考察から明らかなように、バランスのイメージスキーマに基づく経験は、等式の同値性の理解の身体的な基盤として重要な役割を担っている。この種のイメージスキーマは、特に数量の計算の同値性の理解に関わっているが、〈同じである〉という認識は、数量の世界の認識に限られる訳ではない。われわれの思考世界では、ある対象とある対象の形（ないしは形態、形状）が〈同じである〉という認識も重要な役割を担っている。

　例えば、次の (i)〜(iii) の等号 (＝) の左右の丸、三角、四角の図形（○、△、□）は、一瞥しただけで同形であることが理解される。

(i)　　　(ii)　　　(iii)
△ = △　○ = ○　□ = □
図16

この種の理解は、視覚的な経験を介して可能である。ただし、等号の左右の図形が厳密に同形であり、同じサイズの図形であるかどうかは、このような一瞥的な視覚経験だけからは保証されない。等号の左右の図形が厳密に同形であり同じサイズであることを確認するためには、双方の図形を移動して、ぴったり〈重ね合わせ〉が可能となるかどうかを確認する必要がある。例えば、上の左辺と右辺の三角形が同形であり、同じサイズであるかどうかは、一方の三角形を移動して他方の三角形に重ね合わせた場合、両者がぴったり一致するかどうかによって確かめることができる。この種の移動による重ね合せの一例は、図17に示される。

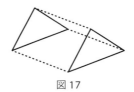
図17

この種の変換は、平行移動に基づく合同変換の一種であるが、この場合の同一性の認識には、重ね合わせの身体的な経験に基づく理解が重要な役割を担っている。合同変換としては、この種の変換の他に、回転移動に基づく合同変換、対称移動に基づく合同変換が考えられるが、いずれの変換も同一性の確認においては、基本的に重ね合わせの経験が重要な役割を担っている[15]。

9. トポロジー的変換と同一性

前節では、視覚的な経験、平行移動、重ね合わせの経験との関連で、幾何学な図形の同一性の問題を考察した。この種の同一性を問題にする場合

には、比較される図形は、移動したり重ね合わされたりしても、その比較の対象となる図形それ自体は、形や形状が変化しないことが前提となっている。従ってこの前提に立つならば、例えば図18の図形（○、△、□）は同一ではない。

$$\bigcirc \neq \triangle \neq \square$$
図18

しかし数学的な観点から見た場合、比較の対象となる図形が、常にこのような前提だけで同一の関係として判断される訳ではない。例えば、比較する図形を変形し、伸ばしたり、縮めたり、曲げたりしてもよいという前提に立つならば、この変形の操作をしない場合には同形と見なされない図形が、位相的に同一（ないしは同相）の関係にあるとすることも可能である。例えば、図19の三角と四角の図形の各辺を柔軟に伸ばすならば、円の図形に変形することも可能である。

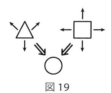
図19

トポロジーの幾何学では、伸ばしたり、縮めたり、曲げたりして重ね合わされる図形は、「同相」の関係とし規定される（図20、参照）。このトポロジー的な変換に従うならば、上の図形（円、三角、四角）は同相の関係にあるとされる。（ここでは、≈ は同相の関係を示す。）

$$\bigcirc \approx \triangle \approx \square$$
図20

トポロジーの同相に関わる認知の世界は、われわれの日常生活における図形の形（ないしはパタン）の同定の認知プロセスとは異なる。従って、図形の知覚に関しては、以上のようなトポロジー的な変換操作の認知プロセ

スに基づく「同一性」と、この種の変形操作を認めない図形の認知プロセスに基づく「同一性」を区別する必要がある。

10. 数量の同一性とゲシュタルト的認知

　われわれの数量的な思考は、保存の法則に基づいている。この法則の典型例としては、量の保存と数の保存の法則が考えられる。量の保存の法則は、例えばある容器に入っている液体の量は、その液体を他の容器に移しても総量は同じであるという法則である。より一般的には、この法則は、量は移しても総量は変化しないことを意味する。また数の保存の法則は、数の総数は、数える対象の形状、位置関係、配置関係などの変化に関係なく一定であることを意味する。

　この種の保存の法則は、基本的に大人の数量的な思考の基礎になっているが、発達段階にある子供 (e.g. 思考の発達段階の前操作期にある子供) にはまだ獲得されていないという報告がなされている (cf. ピアジェ (1969: 98–102)、Piaget (1972: 129–131))。

　この事実を裏づける実験として、まず図21のAのように同形の2つの容器に水を入れ、両者が同量であることを子供に確認させ、一方の容器に入っている水をBのように別の細長い容器に移してみる。そしてこのBの状況において、二つの容器の液量が同じかどうか質問すると、ほとんどの子供は細長い容器の液量の方が多いと判断する、という報告がなされている (ピアジェ (ibid.)、Piaget (ibid.))。

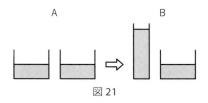

図21

この報告は、思考の発達段階の前操作期にある子供は、量の保存の法則を

まだ獲得していないことを示している[16]。

また数の保存の法則に関しては、次のような報告がなされている。まず図22のように、丸い図形を等間隔に（しかも列の長さを同じにして並べ）、AとBの列の丸の数が同じか否かを子供に問う。

図22

この問いに対し、同じと子供が判断すれば、次にAの列の図形の間隔を図23のBのように狭め、AとBの列の丸の数が同じか否かを問うてみる。

図23

するとほとんどの子供は、Aの列の丸よりもBの列の丸の数の方が少ないと判断する。この事実は、思考の発達段階の前操作期にある子供は、数の保存の法則をまだ獲得していないことを示している[17]。

以上の事実は、思考発達の前操作期における子供は、高さの変化、大きさ、等の知覚的な見えに左右されて数量の判断を行っていることを示している。この知覚的な見えに基づく数量の判断は、一見したところ、子供の思考の世界の問題に限られるように見える。しかし。この種の数量の判断は、大人の言語の概念体系を特徴づける概念メタファーにも関係している。例えば、日常言語には、数量に関する次のような比喩表現が広範に存在する（cf. Lakoff and Johnson 1980: 15–16、山梨 1988: 51–52）。

1. a. The number of books printed each year keeps going up.
   b. My income rose last year.
   c. The amount of artistic activity in this state has gone down in the past year.

2. a. 今月は給料が ｛上がった／下がった｝。

 b. この会社の年収が落ち込んで来ている。

 c. 収入をさらに上げていかねばならない。

1、2の例は、典型的な方位性の比喩表現（orientational metaphors）であり、More is Up/Less is Down（Lakoff and Johnson 1980: 20）の比喩的認知に基づく言語表現の典型例である。基本的に日常世界の経験においては、ある存在の量が増えるのを理解する経験と上方への変化を理解する経験は共起している。1、2のタイプの方位的な比喩表現は、この種の経験の共起性に基づいている[18]。

　数量に関する概念メタファーとしては、さらに大小の認知に関する比喩表現（Big is More/Less is Small）が存在する。

3 a. 大きい数／小さい数

 b. 最大値／最小値

4. a. 来年は大きな収入が見込まれる。

 b. 彼は小額だがお金を貸してくれた。

日常世界では、基本的に増殖していく存在は知覚的には大きく認知され、逆に減少していく存在は小さく認知される。3、4のタイプの比喩表現はこの種の表面的な見えの知覚経験に基づいている。

　以上は、大人の日常言語に見られる数量に関する比喩表現であるが、この種の知覚経験は、大人の概念メタファーに反映されているだけでなく、上に見た思考の発達段階の前操作期にある子供の数量の判断の世界とも関係している。上に見たように、同形の容器2つに水を入れ、両者が同量であることを子供に確認させ、一方の容器に入っている水を別の細長い容器に移してみると、ほとんどの子供は細長い容器の液量の方（すなわち、水位がより上昇している方）が多いと判断する。また、同じ数の丸い図形の列を間隔を広めにして並べた長い列と、間隔を狭めて並べた短い列を子供

第 5 章　言葉の身体性と論理の世界　　129

に比較させた場合、後者の方が数が少ないと判断する傾向にある。(すなわち、子供は長い列は大きい塊、短い列は小さい塊と認知し、後者の列の方が数が少ないと判断する傾向がある。)子供のこの種の知覚経験に基づく認知と、例文の1〜4に見られる上／下、大／小の知覚経験に基づく概念メタファーの認知の傾向は、基本的に見えの変化の観点から見て関係している。

11.　結語

　これまでの客観主義の科学観に基づく認知科学の研究では、思考、推論をはじめとする理性の営みは、言語主体の身体性に関わる制約とは独立した抽象的な概念操作によって規定され、この概念操作のプロセスは、外界を反映する内部表象に対する計算のプロセスとして規定可能であるという前提に立っている。しかし、本章の考察から明らかなように、思考、推論、等の概念操作のプロセスは、身体的な経験を反映するイメージ・スキーマに関わる認知プロセスによって動機づけられている。この意味で、身体性の問題を等閑視した知のメカニズムの探究には本質的な限界がある。西洋を中心とする科学的な思考の伝統を特徴づけている視点の一つは、客観主義的な世界観である。この世界観のもとでは、人間の理性的な側面は、感性や想像力、主観的な視点、環境との相互作用をはじめとする広い意味での主体の身体性に関わる要因とは切り離され、前者の客観的な世界観に基づき、人間の思考、推論をはじめとする知のメカニズムの探究がなされてきたと言える。この客観的な世界観に基づくならば、論理の世界は、脱身体化された (disembodied) 論理の世界として位置づけられる。この論理には、形式化された科学の論理としての役割は認めることができる。科学の数理的な世界は、この種の形式言語の操作に基づいて定式化することが可能である。しかし、人間の思考、判断の世界を理解していくためには、この種の形式的な論理には限界がある。人間の思考、判断の世界には、感性、想像力、主観的な視点、イメージ形成といった身体性を反映

する論理ないしは身体化された論理（embodied logic）が存在する。本章の考察は、この身体化された論理のメカニズムを明らかにしていくための実証的な研究の場を提供する[19]。

注

（１）　イメージスキーマは、われわれの知覚と運動感覚的な行為の相互作用によってつくり出される動的な経験のパターンである。日常言語の概念構造は、この種のイメージスキーマによって動機づけられている（cf. Johnson 1987: xiv）。

（２）　一般に、ここで問題とする推移関係の典型例としては、論理的同値関係（≡）、同等関係（＝）、大小関係（＞）、集合の包含関係（⊃）、等が考えられる。

（３）　次のタイプの推論を考えてみよう。

> (i)　AはBを愛している。
> 　　　BはCを愛している。
> 　　　＊従って、AはCを愛している。
>
> (ii)　AはBを見ている。
> 　　　BはCを見ている。
> 　　　＊従って、AはCを見ている。
>
> (iii)　AはBに電話した。
> 　　　BはCに電話した。
> 　　　＊従って、AはCに電話した。

記号計算に基づく形式論理の推論のパターンとして見るならば、(i)〜(iii)の推論は、推移規則に基づいて妥当な推論とされることになる。しかし、この種の推論は妥当ではない。例えば(i)の場合、AがBを愛し、BがCを愛しているからといって、必ずしもAがCを愛していることにはならない。基本的に同様の問題は、(ii)、(iii)の推論に関しても当てはまる。

この種の事実は、日常言語の推論の妥当性を規定していくためには、問題の推論に関わる命題の中核となる述語の意味的性質（ないしは論理的性質）の考察が必要になることを示している。またこの事実は、記号表現の意味内容を反映する人間の具体的な経験に関する制約を考慮しない限り、人間の推論のメカニズムを明らかにすることは不可能であることを示している。

（４）三段論法に関わる推論ではないが、容器のイメージスキーマは、次のような愛のジョークに関する対話の理解にも関係している。

　　　男：君と僕とは卵の関係さ。
　　　女：どうして？
　　　男：僕が白身で君を抱く。

この対話における男の台詞はとても洗練されているとは言えないが、このジョークにはイメージスキーマ、メタファー、推論に関し、次の図のような関係が成立している。

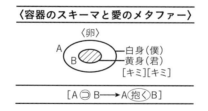

この図では、外側の楕円は「僕」に対応する卵の白身（A）、内側の楕円は「君」に対応する卵の黄身（B）を示している。そして前者の（「僕」に対応する）卵の白身（A）が容器として、後者の（「君」に対応する）卵の黄身（B）を含む関係に基づいて、比喩的に、「僕が君を抱く」というこのジョークのパンチライン（ないしは落ち）の推論を可能としている。上記の対話は、自然論理に基づく日常言語の理解において、イメージスキーマ、メタファー、推論がどのように相互に関係しているかを考える際に、重要な知見を提供する。

　容器のイメージスキーマは、次のエルヴィス・プレスリーの歌の台詞（But I can't help falling in love with you）の理解においても、比喩的に

重要な役割を担っている。

> Wise men say
>
> Only fools rush in
>
> But I can't help falling in love with you
>
> Shall I stay?
>
> Would it be a sin
>
> If I can't help falling in love with you?
>
> (Elvis Presley, Can't Help Falling in Love)

この台詞では愛 (love) が、容器 (X) に見立てられ、この容器の中に落ちていくこと (falling in X) が、愛すること（惚れ込むこと）を比喩的に意味している。ここにも、日常言語の概念体系の構築と比喩に基づく推論において、イメージスキーマの役割の重要性が認められる。

　容器のイメージスキーマを形成する認知能力は、エミリー・ディキンソンの次の詩の想像世界にも見事に反映されている。

> The Brain—is wider than the Sky—
>
> For—put them side by side—
>
> The one the other will contain
>
> With ease—and You—beside—.
>
> (Emily Dickinson, A Choice of Emily Dickinson's Verse: p.40).

（5）　ここまでの考察では、〈起点―経路―着点〉のイメージスキーマの〈経路〉が、推論の思考プロセスの比喩になっている例は挙げていないが、次の例では、抽象的な思考のプロセスが「経路」という名詞によって比喩的に表現されている。

> 果してこんな径路を取って、こんな風に「何が何だか分らなくなる」かどうだか保証出来ない。しかし何返考え直しても、何条の径路をとって進もうとも、ついに「何が何だか分らなくなる」だけはたしかである。　（夏目漱石『我輩は猫である』: pp.340–341)

第5章 言葉の身体性と論理の世界　133

（6）　興味深いことに、この種の写像のプロセス自体も、〈起点―経路―着点〉のイメージスキーマによって動機づけられている。この写像のプロセスのスキーマに基づく規定に関しては、5.5 節で考察する。

（7）　本節の考察は、〈前提〉、〈結論〉、等の概念をはじめとする形式論理学の基本概念を検証するための重要な言語的な手がかりを提供する。

（8）　着点と結果に関わる日本語の「に」は、「と」によってパラフレーズすることも可能である。

　　　　　　（i）　そのホテルは灰燼 {に／と} 帰した。
　　　　　　（ii）彼はその道の達人 {に／と} なった。

ただし、認知的にみた場合の「と」の存在理由は「に」とは異なる。このタイプの「と」は、「AをBとみなす」、「AをBとして理解する」などの例に見られるように、基本的には〈同定〉の意味（すなわち、ある存在を何々と認定する（見立てる、等）の意味）で解釈される。この点で、(i)、(ii) のタイプの「と」と「に」の認知的意味は異なる。

（9）　また次の例では、〈起点〉を示す「から」、「より」、from、out of が、以下の図に示されるように、〈素材〉の意味に拡張されている。

　　　　　　（i）　a.　この丸太からカヌーができる。
　　　　　　　　　b.　牛乳からチーズができる。（山梨 1995: 57）
　　　　　　（ii）　a.　An oak developed out of an acorn.
　　　　　　　　　b.　Great oaks grow from little acorns.
　　　　　　　　　c.　{Big, Tall, Great} oaks grow from little acorns.
　　　　　　（iii）a.　カシの大樹も小さきどんぐりより育つ。
　　　　　　　　　b.　大きなオークもどんぐりから成長する。
　　　　　　（iv）　a.　木から仏を彫る。
　　　　　　　　　b.　石から仏像を彫り出す。

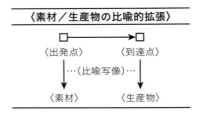

(10) 論理的な推論プロセスの一種としては、さらに推移性 (transitivity) に基づく推論プロセスが考えられる。その典型例は、(i)、(ii) に示される。

(i) AはBより大きい。
　　BはCより大きい。
　　AはCより大きい。
(ii) AはBを含む。
　　BはCを含む。
　　AはCを含む。

(i)、(ii) は、大小の関係、包含関係に関わる推移的な推論の一種である。この種の推論のプロセスは、一見したところ、空間移動に関わる経験とは関係していないように思われる。しかし、このタイプの推論プロセスは、〈起点―経路―着点〉に関わる次の二つのイメージスキーマの連結した関係に基づいている。

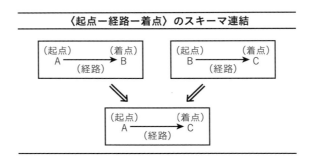

この図は、基本的に次のような空間移動の経験を、〈起点―経路―着

第 5 章　言葉の身体性と論理の世界　　135

点〉のイメージスキーマの組み合わせによって抽象化している。

> (iii) a.　京都から名古屋まで移動した。
> 　　 b.　（次に）名古屋から東京まで移動した。
> 　　 _____
> 　　 c.　（したがって）京都から東京まで移動した。

　基本的に空間移動において、A 地点から B 地点まで移動し、次に B 地点から C 地点まで移動したならば、A 地点から C 地点まで移動したことになる。(iii) の京都から名古屋を経由して東京に至る移動に関する判断は、この種の基本的な空間移動に関わる判断を具体的に示しているが、この種の A 地点から C 地点まで移動の理解は、上の図における二つの〈起点―経路―着点〉のスキーマの連結に基づいている。
　大小の関係、包含関係に関わる推移的な推論のプロセスは、一見したところ、空間移動の経験とは関係していないように見えるが、根源的にはこの種の空間移動の経験に根ざしている。

(11)　この種の空間認知が関わる間接的な否定表現としてはさらに、以下の例に見られるような「想定外」という表現が挙げられる。この「想定外」という表現も、基本的に［想定できない］の意味で解釈できる。

> （ i ）　北日本を襲った台風 10 号もそうだが …「想定外」の異常気象がもはや珍しくない。
> 　　　　　　　　　　　　　（京都新聞『凡語』: 2016 年 9 月 3 日）
> （ ii ）　福島第 1 原発で、10 メートル以下の津波を「想定」した堤防は、「想定外」の 15-20 メートルの巨大津波で壊れ、原発構内は水につかった。
> 　　　　　　　　　（http://www.gepr.org/ja/contents/20150831-02/）
> （iii）　東電は福島第一原発事故の主な原因を「想定外の巨大津波」であると結論づけているが、新証拠が事実であれば東電の従来の主張は覆り、「想定外の原発事故」は予測できた「人災」だったことになり、東電幹部らの刑事責任は避けがたいものとなる。　（http://iwj.co.jp/wj/open/archives/291231）

ただし、この種の「想定外」という表現は、本節で指摘した「権限外」、「専門外」、「管轄外」のような表現ほどには、間接的な否定の表

現としては慣用化していない。
(12) 英語の類例としては、さらに次のような例が考えられる。

  (i) a. This job exceeds my competence.
    b. This story transcends human comprehension.
    c. It is beyond the boundary of patience.
    d. That {exceeds, oversteps} my authority.

(i) の a〜d は、それぞれ基本的に (ii) の a〜d にパラフレーズすることが可能である。

  (ii) a. I cannot carry out such a task.
    b. We cannot understand this story.
    c. I cannot put up with it.
    d. That is not my authority.

(13) Langacker の図 13 の否定の規定は、スタティックな規定である。この図は、さらに時間軸に沿ったオンライン的な認知プロセスとして、次のように規定することも可能である。

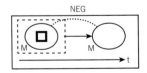

この図において、太線のボックスを含む左側の楕円のメンタルスペース (M) は、否定の背景としてのメンタルスペース、このボックスが欠如している右側の楕円は、対象の不在を意味するメンタルスペースに対応する。(また、上と下の楕円を結ぶ点線はこの二つのメンタルスペースの同一性を、下の実線の矢印は時間 (t) のプロセスを示している。) そして、二つの楕円のメンタルスペースを結ぶ実線の矢印は、時間軸に沿ったメンタルスペースのダイナミックな変換を示している。

(14) 平衡バランスの身体的な経験に基づく基本的なイメージスキーマは、以下に示される。この図の左右の下向きの矢印は、平衡バランスに関

わる重力の方向を示している。

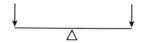

（Johnson 1987: 86）

(15) 合同変換としては、基本的に以下の移動が考えられる。

　　A．平行移動：（ある方向にある長さだけずらす移動）
　　B．回転移動：（ある点を中心にある角度だけ回す移動）
　　C．対称移動：（ある直線を折り目にして折り返す移動）

　本節で問題にしている合同は、重ね合わせによる同一性である。この種の同一性の他に、拡大、縮小に基づく図形の相似的な同一性も考えられる。

(16) 以上の量の保存に関する子供の判断は、方位的な比喩に基づく認知プロセスと密接に関係している。この問題の考察に関しては、さらに沖本（2012: 14–15）を参照。

(17) 以上の事例に限らず、一般に人間の知覚経験に基づく推論はきわめて主観的である。特に、われわれの知覚対象の変容に関しては、かなり主観的な推論が認められる。一例として、次の図の (i)、(ii) における物体の集合体の形（ないしは構造）の変容に関する推論を考えてみよう。

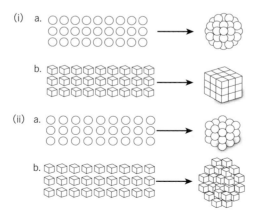

(i) の a の矢印は、幾つかの小さな球体を合体した結果は、やはり一つの球体となる、という推論を示している。また (i) の b の矢印は、幾つかの小さな立方体を合体した結果は、やはり一つの立方体となる、という推論を示している。

　一見したところ、この種の推論は自然に思われる。しかし、球体（ないしは立方体）の合体が常にこのような形に変容するとは限らない。状況によっては、例えば (ii) の a、b に示されるように、球体の集合体が全体として立方体（あるいは逆に、立方体の集合体が全体として球体）に変容する場合もあり得る。（実際には、他の異なる変容もいろいろ考えられる。）

　ここでは、以上のような知覚対象の変容に関する主観的な推論を、「ゲシュタルト的推論」（gestalt inference）と呼ぶことにする。この種のゲシュタルト的推論も、人間の外部世界の変容プロセスの予測に関する主観性を反映している。

(18) この種の方位的な比喩に基づく認知プロセスの問題の考察に関しては、さらに山梨（2012：第 3 章、3.3 節）、沖本（2012: 14–15）を参照。

(19) 本書の主な目的は、日常言語の思考、判断の背後に存在する自然論理のメカニズムの解明にある。以上の考察は、この意味での自然論理は、人間の感性と主観性に根ざしているという点で身体化されている（embodied）と言える。

第6章

日常言語の推論と文法現象

1.　文法と推論

　日常言語の理解は、柔軟な情報処理のプロセスから成り立っている。言葉の伝達に関わる情報は多様である。この種の情報の中には、言葉の文字通りの意味に関わる情報だけでなく、文脈情報、伝達の場面に関わる情報、さらに論理的な推論や言語外の知識を背景とする語用論的な推論によって誘引される情報も含まれる。日常言語の理解は、このような多様な情報に基づく柔軟な情報処理のプロセスによって特徴づけられているが、その中でも、推論はこの柔軟な言語情報処理において重要な役割を担っている。推論を介して誘引される情報は、必ずしもわれわれが直接に意識しているとは限らない。この種の情報の一部は潜在的に存在している。われわれは、言語レベルに現れている情報だけでなく、文脈や推論によって誘引される潜在的な情報もくみ取りながら柔軟な伝達をおこなっている。

　このように日常言語の理解には文脈や推論による伝達が関わっているが、この種の伝達のメカニズムを特徴づける推論の研究は、本格的にはなされていない。またこれまでの言語学の研究では、日常言語の文法現象と推論の相互関係に関わる研究も本格的にはなされていない。その理由は、従来の言語研究のアプローチに起因する。一般に、言語学の研究は、形式と意味の関係から成る記号系の研究が主眼となっている。その中でも、特に文法の研究は、言語研究の中核と見なされている。この伝統的な言語観から見た場合、推論の研究は、文法とは独立した人間の思考のメカニズム

に関わる研究（特に論理学が研究の対象とすべき研究）として、言語学の分野では等閑視されている。この伝統的な言語学のアプローチは、文法現象は、推論に関わる要因とは独立に研究が可能であるという前提に立っている。しかし言語現象の中には、推論に関わる要因を考慮しない限り、自然な予測・説明が不可能な文法現象が広範に存在する。本章では、日常言語の言語理解を特徴づける各種の推論に関わる要因との関連で、日常言語の文法現象を見直していく。また以上の考察を通して、日常の言語伝達の中核を成す文法のメカニズムと論理のメカニズムの相互関係の重要な一面を明らかにしていく。

2. 日常言語における推論の諸相

　一見したところ、推論は思考のメカニズムを特徴づける現象であり、日常言語の文法現象には直接的には関係しない現象のように考えられる。しかし日常言語の推論に関わる要因は、言語現象の予測・説明に際し重要な役割を担う。本節ではまず、日常言語に関わる推論の諸相を考察する。さらに次節以降で、この種の推論に関わる要因と言語現象（特に文法現象）の相互関係を考察していく。

　日常言語に関わる推論は多様である。推論の一つのタイプとしては、問題の言語表現の意味内容や論理的な性質から誘引される推論が考えられる。この種の推論は、文脈や言語外の知識が与えられなくても、言語表現の論理関係や意味に基づいて誘引される点で、意味論的な推論のタイプに属するものである。

　この種の推論の具体例として、次の例を考えてみよう。

1. a.　P: 兄が弟を泣かせた。
   b.　Q: 弟が泣いた。
2. P: 兄が弟を泣かせた。⟶ Q: 弟が泣いた。
3. *兄が弟を泣かせた。しかし、弟は泣かなかった。

第6章　日常言語の推論と文法現象　141

1の場合、aからはbが含意される。すなわち、1のaとbの間には2の推
論が成立する。（ここでは、─→の矢印は、推論による含意関係を示すも
のとする。）この種の含意が文脈や言語外の知識に左右される含意なら
ば、前後の文脈によってこの含意はキャンセルされるはずである。しか
し、この含意を否定する3の文は矛盾文となる。この含意に基づく推論
は、基本的には文脈や言語外の知識が与えられなくても、問題の言語表現
それ自体の意味的な性質によって成立する。したがって、この種の含意に
基づく推論は意味的な推論の一種と見なされる。

　これに対し、文脈や言語外の知識を背景として誘引される推論は、語用
論的な推論として、意味論的な推論から区別される。語用論的な推論は、
次の例に見られる。

　4.　a.　P: 兄が弟をどなりつけた。
　　　b.　Q: 弟が泣いた。
　5.　P: 兄が弟をどなりつけた。─＊→ Q: 弟が泣いた。
　6.　兄が弟をどなりつけた。しかし、弟は泣かなかった。

4の場合、文脈や状況によってはaからbの含意が誘引されるのは自然で
ある。すなわち文脈や状況によっては、5のPからQへの推論が成立する
場合もあり得る。しかしこの種の含意に基づく推論は、純粋に意味的（な
いしは論理的）な推論ではない。何故なら、この種の含意（i.e. Q）を否定
する文（i.e. Not-Q）を伴う6の文は矛盾文にはならない。すなわち5の含
意は、文脈や状況によってキャンセルすることが可能である。したがって
5のタイプの推論は、意味論的な推論ではなく、語用論的な推論の一種と
見なされる。（5の─＊→の矢印は、語用論的な推論による含意関係を示
す。）

　これらの例を見る限り、意味論的な推論と語用論的な推論は、その含意
が文脈や状況によってキャンセルできるか否かの基準により区分すること
ができる。しかし日常言語の推論の中には、純粋に意味的な推論か語用論

的な推論かの判断が微妙な推論も認められる。次の例を見てみよう。

7. a.　P: 泥棒はその場から逃げ出せた。
　　b.　Q: 泥棒はその場から逃げ出した。
8. P: 泥棒はその場から逃げ出せた。
　　 ― ＊ → Q: 泥棒はその場から逃げ出した。
9. 泥棒はその場から逃げ出せたが、結局そこにとどまった。

7の場合、aからbへの含意（i.e. 8の推論）は自然である。この種の推論は具体的な文脈が与えられなくても、その言語表現の慣習的な言いまわし（i.e.「逃げ出せた」という表現）から自然に誘引される。この点で、このタイプの含意に基づく推論は、文脈独立的な推論の一種と見なすことができる。（ここでは、― ＊ →の矢印は文脈独立的な含意関係を示すものとする。）

　このタイプの推論（i.e. 8のタイプの推論）は、文脈からは独立して誘引される傾向がある点で、純粋に意味的な推論に似ている。しかし、9に示されるように、この種の推論に基づく含意はキャンセルすることが可能である。したがって、8のタイプの推論は、純粋に意味的な推論ではなく、厳密には語用論的な推論の一種と考えられる。

　この点は、10のように、7aの文（i.e. P:「泥棒はその場から逃げ出せた」）を、これと同意の10aの文にパラフレーズしてみると明らかになる。

10. a.　P: 泥棒はその場から逃げ出すことができた。
　　b.　Q: 泥棒はその場から逃げ出した。
11. P: 泥棒はその場から逃げ出すことができた。
　　 ― ＊ → Q: 泥棒はその場から逃げ出した。
12. 泥棒はその場から逃げ出すことができたが、結局そこにとどまった。

文脈が与えられない場合、10aの文からは10bが誘引されるのは自然であ

第6章　日常言語の推論と文法現象　143

る。しかしこの場合の推論（i.e.11 の推論）も、12 に示されるように、文脈によってはキャンセルすることが可能である以上、厳密には語用論的な推論の一種ということになる。しかも相対的にみた場合、10 の a から誘引される含意は、7 の a から誘引される含意に比べて文脈への依存度が高い。

N.B. 7a の文と 10a の文は、論理的にはパラフレーズの関係にある。すなわち、これらの文の真理条件は基本的に同じである。しかし、これらの文から誘引される問題の含意（i.e. 泥棒はその場から逃げ出した）の強さは、「逃げ出せた」という短絡的な表現を使うか、迂言的な「逃げ出すことができた」という表現を使うかで厳密には異なる。

　　　(i) 〈短絡的表現〉：泥棒はその場から逃げ出せた。(＝7a)
　　　(ii) 〈迂言的表現〉：泥棒はその場から逃げ出すことができた。(＝10a)

一般的には、(i) のタイプの短絡的な表現の方が問題の含意は誘引されやすく、(ii) のタイプの迂言的な表現の方が誘引されにくい。前者の短絡的な表現の方が述部の表現が一つの複合表現として慣用化されており、その程度に応じて問題の含意が文脈から独立して誘引されやすい。これに対し後者の迂言的な表現の述部は、問題の行為の実行能力に関わる部分（i.e.［できた］に当たる部分）が明示的に表現されており、その分だけ文脈によって問題の含意がキャンセルされやすい。

　　この点で、短絡的な表現の方が問題の含意が文脈独立的に慣用化される傾向にあり、迂言的な表現の方が問題の含意は文脈依存的で、その程度に応じてより語用論的な含意であると言える。

　以上の考察から、日常言語の推論には少なくとも次の三つのタイプの推論が認められることになる。

表1

〈推論のタイプ〉
A. 意味的な含意に基づく推論
B. 語用論的な含意に基づく推論
(i) 文脈独立的な含意に基づく推論
(ii) 文脈依存的な含意に基づく推論

表1の一方の極（i.e. A）には、言語表現の意味内容や論理関係に基づいて誘引される意味的な含意に基づく推論、もう一方の極（i.e. B (ii)）には、文脈や言語外の知識を背景にして誘引される語用論的な含意に基づく推論が位置づけられる。ただし、これらの区分は絶対的ではない。上にも見たように、日常言語の中には、この語用論的な含意に基づく推論の一部が次第に文脈から独立して誘引され、次第に意味的な性質を帯びる推論（i.e. B (i)）も存在する。ここではこの種の推論を、中間段階にある文脈独立的な含意に基づく推論として相対的に位置づける。文脈独立的な含意に基づく推論としては、さらに暗黙値に基づくデフォールト的推論（default inference）や誘引的推論（invited inference）が考えられる。（この種の推論に関しては、本章の6.5節、2章の2.6節を参照。）

　本節に概観した推論は、日常言語の思考、判断のメカニズムを特徴づける自然論理において重要な役割を担うとともに、日常言語の文法現象や意味現象の予測・説明にも重要な役割を担う。以下では、これらの推論と密接に関わる言語現象を具体的に考察していく。（次節以降の推論が関わる言語現象の体系的な研究に関しては、さらに山梨（1992）（『推論と照応』くろしお出版）を参照。）

3.　推論と照応現象

　一般に照応現象を問題にする場合には、問題の照応表現の先行詞が言語レベルにおいて直接的に理解できる照応現象が分析の対象にされる。しかし、日常言語の中には、先行詞が言語レベルにおいては直接的には存在せ

第6章　日常言語の推論と文法現象　　145

ず、その前後の文脈や背景的な知識に基づく推論を考慮しなければ説明できない照応現象が広範に存在する。

その典型例として、まず次の例を考えてみよう。

1. a. 少年は、ミミズを1匹捕まえるごとに瓶に入れていった。そして［それら］が瓶の中でどんな動きをするのかをじっと観察した。

   b. 〈［それら］＝［捕まえたミミズ（複数）]〉

2. a. 村から今年もまた一人の若者が出て行った。［彼ら］は華やかな都会の生活に憧れて村を去って行ったのだ。

   b. 〈［彼ら］＝［村の若者達]〉

3. a. Each boy gave Wendy a shirt. None of [them] fit.

   b. 〈[them]＝[shirts]〉

4. a. Each girl in the class gave Ivan the flower she picked.

   He arranged [them] artfully in an empty Glenfiddach bottle.

   b. 〈[them]＝[flowers]〉　　　　　　（Nash-Webber1978a: 13, 1978b: 48)

1～4の代名詞の［それら］、［彼ら］、[them] は、複数の対象を意味する代名詞であるが、これらの代名詞に直接対応する先行詞は先行文脈には存在していない。先行文脈に存在しているのは、［ミミズ］、［一人の若者］、[a shirt]、[the flower ...] といった単数の名詞表現である。にもかかわらず、これらの表現の後続文脈に複数の代名詞が共起することができるのは、先行文脈の［1匹捕まえるごと］、［今年もまた］、[each] などの表現が存在し、これらの表現が先行文脈の命題の意味要因の一部として、［ミミズ］、［一人の若者］、[shirt]、[flower] に関する複数概念の推論を起動することによる。さらに言えば、1～4の例では、この種の複数の概念の推論を介して、先行表現と後続の代名詞との照応が可能になる。

この種の推論は、数量に関わる意味的（ないしは論理的）な推論の一種と見なすことができる。これに対し、次の照応に関わる推論は、純粋に意

味的（ないしは論理的）な推論ではない。

5. a. 子犬は猫を脅しているつもりだが、猫は［そう］は感じていないようだ。
   b. 〈［そう］＝［子犬が怖い］〉

この場合の代名詞の［そう］は、一見したところ、先行テクストの文（P＝［子犬は猫を脅している］）に直接対応しているように見える。しかしこの代名詞は、実際には、6に示される推論によって得られる含意を介して先行詞と間接的に呼応している。

6. P:［脅す（子犬、猫）］
   ―＊→Q:［怖い（猫、子犬）］

すなわち、［子犬が猫を脅す］（＝P）ならば、猫は子犬を怖がるという推論を介して得られる含意（i.e.［（猫は）子犬が怖い］（＝Q)）が問題の代名詞［それ］の先行詞になっている。（6の［脅す（子犬、猫）］は［子犬が猫を脅す］という文の命題、［怖い（猫、子犬)］は、［猫は子犬が怖い］という文の命題を示している。）

　5の場合、先行文脈の命題Pと後続の代名詞は、それぞれ［...つもり］、［...ようだ］という語り手の主観的な態度を反映する表現に埋め込まれている。この種の表現は、問題の事象の観察者としての語り手の視点に基づく表現である。したがってここで問題にしている推論は、厳密にはこの語り手の視点による叙述の世界において成立している[1]。

　さらに言えば、ここで問題になっている推論（i.e.［子犬が猫を脅す］ならば、［猫は子犬を怖がる］という推論は、あくまで観察者の側からの主観的な判断に基づく語用論的な推論である。この推論は、純粋に文脈や話し手／聞き手の理解から独立した意味的（ないしは論理的）な推論ではない。（ここでは、このタイプの推論を、―＊→によって示す。）

第 6 章　日常言語の推論と文法現象　　147

N.B. 以上の考察から、5 の例の代名詞の［そう］は、推論照応の一種ということになる。本節で注目するのは、この種の推論が関わる文法現象である。ただし 5 の解釈としては、次のような解釈も不可能ではない。

    (i)　子犬は猫を脅しているつもりだが、猫は［そう］は感じていないようだ。（＝(5)）

    (ii)〈［そう］＝［子犬は猫を脅している］〉

　この解釈では、代名詞の［そう］は、(i) の先行文の［子犬は猫を脅している］に直接的に対応している。この場合には、先行詞と代名詞の照応関係の理解に際し、本節で注目するような推論は関係していない。この直接照応の解釈の場合には、代名詞の［そう］を目的語にとる (i) の動詞「感じる」は、喜怒哀楽に関わる感情を示す動詞ではなく、「思う」の意味に準ずる思考動詞の用法である。この種の直接照応は、ここでは考察の対象とはしない。本節ではあくまで、推論に関わる照応現象を考察の対象とする。

　この種の語用論的な推論が照応に関わる現象として、さらに次の例を見てみよう。この例は、森繁久彌という俳優が、あるエッセイで触れていた芝居の背景的な語りの一部である（cf. 山梨 1992: 22）。

7.　a.　行きつけの ... アナ場にやって来た旦那は、女房を待ちながら、［それ］までにでっかいのを釣りあげて彼女を驚かしてやろうと糸を投げた。

    b.　〈［それ］＝［女房がアナ場にやってくる］〉

7a の場合の代名詞の［それ］は、［女房がアナ場にやってくる］を意味するが、この表現は、先行文脈には存在しない。しかし、先行文脈の［女房を待ちながら］の部分からの推論（i.e. P＝［X が Y を待つ］ならば、Q＝

[Yが来る]（ことが期待される）という推論）のプロセスを介して、問題
の先行詞の理解が可能となる。

8. P: [待つ (X,Y)] ―＊→ Q: [来る (Y)]

ただし、この8のタイプの推論は、厳密には（主観的な）語用論的推論で
あり、純粋に論理的（ないしは意味的）な推論ではない。一般に、[XがY
を待つ]という命題自体は、その論理的な性質（ないしは意味的な性質）
からして、[Yが来る]という命題を必ずしも含意しない。したがって、8
のタイプの推論は、主体の期待に関わる語用論的な推論の一種ということ
になる(2)。
　次の照応の場合はどうか。この場合の代名詞と先行詞の照応関係の理解
にも間接的な推論が働いている（cf. 山梨 1992: 22–23）。

9. a. ひと月に一度、化け物が山から降りてきて、町の娘をさらって
　　　いきます。今夜は私の番なので、[それ]が悲しくて泣いている
　　　のです。
　 b. 〈[それ]＝[今晩、私が化物にさらわれる]〉

このテクストは、基本的には次のような文の構成になっている。まず、先
行文が一般的な言明としての大前提（A: [毎月、一定の晩に町の娘が化物
にさらわれる]）になっている。そして、後続文の理由節が省略を伴う変
則的な小前提（B: [私は、町の娘であり、今晩が問題の晩にあたる]）とな
っており、これらの前提に基づく推論を介して、問題の代名詞の [それ]
に対応する帰結（i.e. C: [今晩、私が化物にさらわれる]）が先行詞の意味
内容として間接的に理解される。
　この照応の間接的な推論の基本的なプロセスは、表2にまとめることが
できる（ibid.: 23）。

第6章　日常言語の推論と文法現象　149

表2

〈三段論法的推論と照応〉

A.〈大前提〉：［毎月、一定の晩に町の娘が化け物に
　　　　　　　さらわれる］

B.〈変則的な小前提〉：［私は、町の娘であり、今晩
　　　　　　　　　　　が問題の晩にあたる］

C.〈帰結〉：［今晩、私が化物にさらわれる］

この規定は、9の推論照応の基本的な関係を理解するためのインフォーマルな規定であり、厳密にいわゆる三段論法の推論のステップに一致する訳ではない。（従ってここではこの種の推論を、〈三段論法的推論〉と呼ぶことにする。)[3]

　9のaのテクストには、代名詞の［それ］に直接に対応する先行詞の表現は、先行文脈のどこにも存在しない。にもかかわらず、この代名詞（［それ］）の意味として、9のb（i.e.［今晩、私が化物にさらわれる］）が自然に理解されるのは、このテクストの理解に際して、表2に示される複合的で、変則的な三段論法に基づく推論が成立しているからである。この推論は、本節で考察している他の事例に関与している推論とはタイプが異なる。本節で考察している他の推論は、厳密には主観的で語用論的な推論である。これに対し、9のaのテクストに関わる推論は、（複合的で、変則的な三段論法ではあるが）大前提と小前提から帰結が得られる演繹的な推論である。この点で、9のaのテクストに関わる推論は、論理的な推論の一種と言える。この種の推論は、日常言語の柔軟な自然論理を特徴づける推論の一種として特に注目される。

4.　複合的推論と間接照応

　次の場合も、変規則的な推論のプロセスが照応の理解に関わっている。

　1. a.　男は小さな穴を見つけると、木の皮を剥いで長い棒を作ります。

彼は、その棒を作るのにしなやかで強い木の皮を探します。

［そう］でないと、穴にさし込む時、途中で折れて、穴の中にいる獲物の所まで届かないからです。

b. 〈［そう］＝［しなやかで強い木の皮でできた棒］〉

2. a. P＝［探す（X、しなやかで強い木の皮）］

b. 　—＊→ Q＝［見つける（男、しなやかで強い木の皮）］

c. 　—＊→ R＝［作る（男、棒）］

d. 　—＊→ S＝［使う（男、棒）］

1aの例の［そう］の先行詞は、一見したところ、その直前の文 (i.e.［棒を作るのにしなやかで強い木の皮を探す］) に相当するように見える。しかし、この文は、あくまで先行詞を理解していくための手がかりでしかない。しなやかで強い木の皮を探すこと自体が問題になっている訳ではない。

　この代名詞の先行詞を、テクストのかなり表層に近いレベルで考えるならば、［木の皮がしなやかで強い］の部分を、［そう］の先行詞と見なすこともできる。この解釈をとるならば、表層レベルのテクストの整合性は確かに保てる。しかし、木の皮がしなやかで強いこと自体が問題なのではなく、この種の皮で作った棒を使うことが、ここでは問題になっている。

　厳密にこのテクストの意味内容を考えた場合、問題の照応の理解には、次のような推論のプロセスが関わっている。すなわち、この場合の先行詞の理解には、まず男が、棒を作るのにしなやかで強い木の皮を探し (i.e.P＝［探す（男、しなやかで強い木の皮）］)、そのような棒を見つけた (i.e. Q＝［見つけた（男、しなやかで強い木の皮）］) ならば、その皮で棒を作る (i.e. R＝［作る（男、棒、皮で）］) という少なくとも二段がまえの推論のプロセスが関係している。

　さらにいえば、この場合の照応の理解には、2に示されるように、問題の先行文脈から［男がしなやかで強い木の皮を見つける］という中間的な推論、プラス［その皮で棒を作る］という次のステップの推論を介し、さ

らに［そのしなやかで強い木の皮でできた棒を使う］という含意が誘引され、この最後の含意が、問題の代名詞の先行詞として理解されることになる。この点で、1のテクストに関わる推論は、これまでの例に比べ、より複合的で主観的な推論が関係する間接照応の例と言える。

N.B. 主観的な推論が照応現象に関わる例としては、さらに次の例が興味深い。

　　　　若い娘がな、旅の行きずりの男をそんなに気安く誘っちゃいけないよ、もし悪い男だったら、どうするんだ。［そう］だろう。

　　　　　　　　　　　　（映画『男はつらいよ：翔んでる寅次郎』、1979）

一見したところ、この例の代名詞の「そう」の先行詞は、先行文脈の「旅の行きずりの男をそんなに気安く誘っちゃいけない」と考えられる。この解釈をとるならば、この照応は、直接照応の一例ということになる。
　しかし解釈によっては、問題の代名詞の「そう」は、次の (i)〜(ii) のような推論のプロセスを介して得られる意味 (i.e. (iii) の意味) と間接的に呼応する例として理解することも可能である。

　　　(i) 　［旅の行きずりの男を気安く誘う］
　　　　　　　　　↓（推論 1）
　　　(ii) ［危険な目に遭う（可能性がある）］
　　　　　　　　　↓（推論 2）
　　　(iii)（だから）［気をつけなくてはいけない］＝「そう」（代名詞）

もしこの解釈が妥当であるならば、上の寅次郎の台詞の代名詞（「そう」）の解釈は、複合的で主観的な推論を介してはじめて可能になる。換言するならば、この例で問題となる照応現象は、語用論的な推論に基づく間接照応の一種ということになる。（この種の推論照応の具体的な考察に関しては、山梨 (1992: 第 2 章〜第 4 章) を参照。）

以上に見た照応の他に、次のような照応の理解にも、主観的で語用論的な推論が関わっている。

3. a. 漁場の近くに港が欲しい。この島に新しい村をつくって住めばいい。しかし、たとえ願い出ても、長い間よそ者を受け付けなかったこの島では、［それ］を喜ばず許可しなかった。
　　b. 〈［それ］＝［漁場の近くに港をつくること］〉
　　c. 〈［それ］＝［この島に新しい村を作って住むこと］〉

4. a. アナウンサー：どういう気持をこめて後輩の役者を育てていくのですか。
　　　　ある俳優：どうもこうもない。他人に会った時に、きちんと挨拶ができないような役者じゃ困るから、［そう］なるように教えてやろうというだけのことです。
　　b. 〈［そう］＝［他人に会った時に、きちんと挨拶ができる役者］〉

　3のaの［それ］の先行詞の解釈としては、b、cの二つの解釈が可能である。この場合、文脈から判断してb、cのどちらの解釈が適切かの判断は下しにくい。しかし、いずれの解釈にせよ、問題の代名詞の［それ］の理解が先行文脈から直接になされる訳ではない。強いて比較するならば、cの方が問題の代名詞とより直接的に対応しているように見える。この場合に問題になるのは、先行文脈の［この島に新しい村を作って住めばいい］の部分であるが、代名詞の［それ］が対応するのはこの表現の全体ではなく、この文脈から主観的な判断を示す表現（i.e.［...ばいい］）を除いた部分である。

　もう一つの先行詞の理解、すなわち3bの先行詞の理解（［漁場の近くに港をつくること］）の方がさらに間接的である。［漁場の近くに港をつくること］は、先行文脈の文（［漁場の近くに港が欲しい］）に直接に対応するのではなく、5に示されるように、命題的態度を示す動詞（i.e.［欲しい］）を含む先行文（i.e.［P＝欲しい（漁師、Q（＝漁場の近くに港をつく

る))］）から推論される含意（P―＊→Q）を介して間接的に理解される。

5. P＝［欲しい（漁師、Q（＝［漁場の近くに港をつくる］））］
　　　―＊→Q＝［漁場の近くに港をつくる］

　この種の含意は、文脈や主体の主観的な態度に関係して誘引されるきわめて語用論的な含意である。この場合、Pの命題からQの命題が必然的に含意される訳ではない。（すなわち、Pの命題はQの命題を論理的には含意しない。）この点で、5の含意は主観的な語用論的含意である。3aのテクストにおける代名詞（［それ］）が3bの解釈として成立するためには、5のタイプの語用論的な推論が先行詞の理解に重要な役割を担うことになる。
　同種のきわめて主観的な語用論的推論は、先行文脈に主体の命題的態度の動詞（［困る］）を含む4の例に関しても当てはまる。この場合には、［挨拶ができなくては困る］ならば、［他人に会った時にきちんと挨拶ができる役者にする］という語用論的な推論を介して、問題の照応関係の理解が可能になる[4]。

N.B. 語用論的な推論を考慮しない限り説明が不可能な照応現象としては、さらに次の例が挙げられる。

> 公園内に家庭のゴミ等を絶対に捨てないで下さい。これに違反すると都市公園法などにより処罰されます。

　これは、筆者が京都の自宅の近くを散歩していたときに見かけた公園の注意書きである。
　この例で注目したいのは、二番目の文の代名詞（「これ」）である。一般に日常言語の典型的な照応の場合には、問題の代名詞に呼応する先行詞は先行文脈に見つかるのが普通である。上の公園の注意書きの場合、一見したところ問題の代名詞の「これ」に呼応するのは、先行文脈の依頼文（「公

園内に家庭のゴミ等を絶対に捨てないで下さい」)のように見える。

しかしこの場合、代名詞「これ」の先行詞は、先行文脈のどこにも存在していない。この代名詞の先行詞は、以下に示されるように、むしろ先行文脈を構成する (i) の依頼文から語用論的に推論されて得られる (ii) の［規則］に照応的に呼応する。

(i)「公園内に家庭のゴミ等を絶対に捨てないで下さい」
　　　　↓…(語用論的推論)
(ii)「公園内で家庭のゴミ等を捨てないという［規則］が存在する」
　　　　　　　　　　　　‖
　　　　　　　　　「これ」(代名詞)

次の注意書きにおける代用表現の「同様で」の先行詞も、先行文脈には直接には存在していない。

> バイクをご利用の方は、敷地外でエンジン停止の上、入庫下さい。出庫時も同様で、お願い申し上げます。

この場合には、先行文脈の依頼の表現 (「敷地外でエンジン停止の上、入庫下さい」) からの語用論的な推論を介して得られる意味 (i.e.［出庫する際にも敷地の外に出てからエンジンをかける］) に基づいて、「同様で」の意味解釈が可能となる。換言するならば、この場合の代用表現の「同様で」の意味を照応的に理解するためには、以上のような語用論的な推論が重要な役割を担う。

統語論を中心とする形式文法のアプローチでは、一般に先行詞と代名詞の統語的関係 (e.g. 先行順序、統御関係、等) に基づく文法的な制約 (ないし統語的な制約) に基づいて、照応現象の記述・説明が試みられる。しかし、(以上の注意書きの例を含む) 本節で指摘した語用論的な推論が関わ

第 6 章　日常言語の推論と文法現象　155

る各種の照応現象に関する事実は、このような統語論の自律性を前提とする形式文法のアプローチの本質的な限界を示している。

5.　デフォールト的推論と間接照応

　照応の中には、先行文脈の言語表現それ自体ではなく、その表現の意味内容に関わる概念的知識や言語外的な知識から誘引されるデフォールト的推論（default reasoning）を介して照応関係が理解される言語現象が存在する。
　次の二つの例を比較してみよう。

　　1.　We got some beer out of the trunk. The beer was warm.
　　2.　We checked the picnic supplies. The beer was warm.

(Haviland and Clark 1974: 514–15)

これらの例では、後続の第二文の［the beer］が照応的に何と呼応しているかが問題になる。1 の場合には、［the beer］に対応する先行詞の［some beer］が先行文に存在する。しかし、2 の場合には、［the beer］に対応する先行詞は先行文には存在していない。
　ただし、2 の場合には、先行文脈の［the picnic supplies］が問題の照応の手がかりになっている。すなわち 2 の場合には、［the picnic supplies］に関する一般的知識（例えば、ピクニックにはミカン、リンゴ、等の食べ物やジュース、ビール、等の飲み物が用意されるという一般的知識）によって、先行文脈の［the picnic supplies］と後続文の［the beer］との照応関係が理解される。さらに言えば、［the picnic supplies］に関する一般的知識のフレームの典型的な値ないしはデフォールト値（default values）の一つとして［some beer］が推定され、これに対し［the beer］が後続の照応表現として呼応していることが理解される[5]。
　ただしこの場合、問題の名詞句の［the beer］は、先行文脈の［the pic-

156

nic supplies］の知識フレームの必須の要素ではない。（ビールは、必ずし
もピクニックの必需品とは見なされない。）したがって、この種の照応関
係の理解に関わる推論は、純粋に意味的な推論ではない。

　類例としては、3、4の例が考えられる。

3. a.　Mary sewed her new dress. The needle was a little too large for the
　　　delicate work.
　 b.　Mary dressed the baby. The clothes were made of pink wool.

(Sanford and Garrod 1981: 154)

4. a.　Mary dressed the baby's arm. The bandage was made of white cot-
　　　ton.
　 b.　Mary dressed the turkey. The entrails spilled out into the bowl.

(Brown and Yule 1983: 265)

　これらの例の第二文の定名詞句（i.e. ［the needle］, ［the clothes］, ［the
bandage］, ［the entrails］）に照応的に直接呼応する先行詞は、先行文脈に
は存在していない。にもかかわらず、問題の照応が成立しているのは、先
行文が叙述している行為（i.e.sewing, dressing）に関わる一般的知識のフ
レームの典型値（ないしはデフォールト値）の一つとして ［needle］,
［clothes］, ［bandage］、等が推定され、これに後続の定名詞句の表現が呼
応するからである。

　この種の照応の一部は、一見したところ問題の定名詞句の先行文の言語
表現の意味内容から直接に予測できるよう考えられる。例えば、3b の先
行文の dress という動詞の意味構造が 5a のように規定されるならば、後続
の定名詞句の the clothes は、5b に示されるように、先行文の動詞 dress の
意味構造に存在する clothes と照応することが予測できる。

5. a.　dress: ［PUT CLOTHES ON］
　 b.　Mary dressed（＝ put clothes on）the baby.

第 6 章　日常言語の推論と文法現象　　157

The clothes were made of pink wool.［cf.3b］

　もし dress という動詞の意味が、文脈から独立して常に 5a のような意味構造をもち、後続の定名詞句が常に the clothes に限られるならば、この種の分析は問題ない。しかし、4 の a、b の例に見られるように、dress が関係する後続の定名詞句としては、the clothes だけでなく dress の目的語に応じて the bandage、the entrails、等も可能である。従って、dress の意味構造を単純に 5a だけに限定することは不可能である。

　この種の照応に関わる現象は、日本語にも認められる。

6.　この通りは交通量が多いので、［その排気ガス］で近くの住民が迷惑している。
7.　A: 俺、ついにあの土地を手放したよ。
　　B:［その軍資金］で何かするつもり？

　一般に、交通量が多いならば、排気ガスがたくさん出ると予想するのは自然である。6 の場合、先行文脈に排気ガスに相当する表現がないにもかかわらず、［その排気ガス］で受けられるのは、自動車の交通量と排気ガスに関するこの種の推論が働いているからである。

　7 では、［その軍資金］に呼応する先行詞は、A の発話には明示されていない。しかし、A の発話の［土地を手放した］の部分から、土地と交換にお金が手にはいることは自然に予測される。従って、対話者の B は、この推論に基づいて［その軍資金］という定表現を用いて質問している。

　8 の例は、一見したところ上の例と同じように見えるが、この場合には、少なくとも二種類の推論が関わっている。（8b の─＊→と─→の矢印は、それぞれ語用論的な推論と意味的な推論の含意関係を示すものとする。）

8.　a.　結婚して、一年分の野菜をつくって、そのお金を貯金するつも

りなのか....　　　　　　　　　　　（林芙美子『女家族』: p.10）

　　b.　［野菜をつくる］─＊→［野菜を売る］

　　　　［野菜を売る］─→［お金が手に入る］

この例と次の例を比べてみよう。

　9.　一年分の野菜を売って、そのお金を貯金する。

　9の場合には、先行文脈の［売る］という表現から売った物の代わりに
お金が手に入ることが自然に推論される。従って、後続文脈に［そのお
金］という表現がくるのは自然に予想できる。

　しかし、8aの先行文脈の表現には、［野菜をつくって］という表現は出
ているが、［野菜を売って］という表現は出ていない。この場合には、8b
に示されるように、先行文脈の［野菜をつくって］から［その野菜を売っ
て］が推論され、さらにこの後者の意味から［お金が手に入る］が推論さ
れ、最終的に先行文脈と後続の［そのお金...］という表現が照応的に呼応
することが理解される。従ってこの場合には、二重の推論のプロセスが関
わっている。

　ただし、この場合の最初の推論（i.e［野菜をつくる］から［その野菜を
売る］）は、必然的には成立しない語用論的な推論である。これに対し、
［野菜を売る］から［お金が手に入る］という二番目の推論は、（「売る」
という動詞の定義からして）意味的に成立する推論といえる。従って、8a
の例には、二種類の異なる推論が照応の理解に関わっていることになる。

　以上の6から8の例では、‘コソア’の指示表現が後続の照応表現をマー
クしている例である。しかし、常に‘コソア’が問題の照応表現をマーク
するとは限らない。次の場合には、この種の指示表現は後続文に現れては
いない。

　10. a.　今日、はじめて彼が料理するのを見た。

{[包丁さばき] / ?[その包丁さばき]｝は、抜群だった。

b. 昨夜、新宿で銀行の襲撃事件がありました。

　　　{[逃走車] / *[その逃走車]｝も ｛[犯人] / *[その犯人]｝もまだ
見つかっていません。

11. 太郎はサンマをたいらげた。{[骨は] / *[その骨]｝は猫にあげるこ
とにした。

10では、料理や襲撃の事件に関する知識に関わるデフォルト値
(e.g. [包丁さばき]、[逃走車]、[犯人]) が後続文脈に言語化され、先行
文脈とのテクストの連結性を保っている。10のa、bでは、先行文脈の行
為や事件に関する一般的な知識が、先行文と後続文の連結性の背景になっ
ている。これに対し、11では、先行文脈の名詞句の指示対象の部分/全体
の関係に基づく推論 ([サンマ]─→[骨]) が、後続文との照応的なつなが
りを保証している。

　日常の言葉の理解は、実際の具体的な文脈や場面で、かなり直観的に行
われている。従って照応的なつながりも、直観的に理解できていると思う
のが普通である。しかし、以上の具体例から明らかなように、実際の照応
の理解には、外部世界の知識に関わるさまざまな主観的な推論 (ないしは
語用論的な推論) が重要な役割を担っている[6]。

6. メトニミー的推論と照応

　人間の心的プロセスのかなりの部分は、広い意味での連想の認知プロセ
スと見なすことができる。連想のプロセスを広義に解釈するならば、メト
ニミーに関わる推論プロセスも、広義の連想のプロセスの一種と考えるこ
とも可能である。

　しかし、日常言語のメトニミーの推論プロセスには、連想のプロセスか
らは区別される経験的な制約が存在する。(ここで問題にする経験的な制
約とは、言語事実との関係から見たメトニミー現象に関わる制約を意味す

る。）本節では、間接照応（特に、メトニミー照応（山梨 1992: 92–104, Ya-manashi 2015: 25–28））との関連で、連想とメトニミーの認知プロセスの違いを考察する。

　まず、照応に関わるメトニミーの認知プロセスの考察に入る前に、メトニミーリンクと照応の認知プロセスを比較してみよう。この種の認知プロセスの典型は、表3に示される。

表3

メトニミーと連想の認知プロセス
〈メトニミー〉：鍋　[----→食べ物]
〈連　　　想〉：鍋　[----→蓋、取っ手、釜 ...]

　表3では、メトニミーの一例として「鍋が煮えている」のメトニミーリンク（e.g. 鍋 [----→食べ物]）が示されている。「鍋が煮えている」という表現は、[容器]----→[中身] のリンクに基づくメトニミー表現の典型例である。類例としては、さらに「ドンブリをたいらげる」、「一升瓶を飲み干す」、「池が枯れる」、「お風呂が湧く」などの例が考えられる。

　この種のメトニミー表現は、照応の問題との関連で見た場合に特に興味深い。このタイプのメトニミー表現が意味する対象が、後続の照応表現の先行詞として機能する場合が特に注目される。

　例えば、以下の 1〜3 のメトニミー表現（e.g.「鍋」、「ドンブリ」、「一升瓶」）は、〈容器---中身〉の空間の近接関係を通して、照応詞の「それ」（ないしは、ゼロ照応詞の「Φ」）と同一指示の関係にある（山梨 1992: 98–99、Yamanashi 2015 : 26）。

1. a.　鍋$_i$を食いかけたが、うまくないので ｛それ$_i$を / Φ$_i$｝猫にあげてしまった。
   b.　〈それ / Φ＝鍋の中身 / 食物〉
2. a.　ドンブリ$_i$がでてきたので、すぐに ｛それ$_i$を / Φ$_i$｝食べた。
   b.　〈｛それ / Φ｝＝ドンブリの中身 / 食べ物〉

3. a. 一升瓶ᵢを飲みかけて、途中で｛それᵢを／Φᵢ｝こぼしてしまった。
   b. 〈｛それ／Φ｝＝一升瓶の中の酒〉

1〜3の明示的な照応詞（「それ」）とゼロ照応詞（「Φ」）を比べた場合、厳密にはゼロ照応の方がより自然である。この種の照応の判断はかなり微妙であり適切性の判断は、問題のメトニミー表現の慣用性にも左右されるが、メトニミー表現としての「鍋」、「ドンブリ」、「一升瓶」の類は、これらの表現自体が食べ物（ないしは飲み物）を表現する名詞として慣用化している。従って、以上の照応関係の理解は不自然ではない。

　この種のメトニミーが関わる照応現象は、言語主体の認知能力の中核を成す参照点能力（Reference-point Ability）の観点から規定することが可能である。上の1〜3の例では、「鍋」（ないしは「ドンブリ」、「一升瓶」）が参照点（R＝Reference-point）となり、これを起点としてターゲット（T＝Target）としての〈食べ物〉（ないしは〈酒〉）へのアクセスが可能となる。

　参照点構造の認知プロセスの規定に従うならば、この種のメトニミー表現の照応の理解は、次のように規定することが可能となる。（図1では、スペースの関係上、「鍋」と「一升瓶」のメトニミー表現の参照点構造だけを示す。）

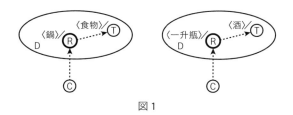

図1

　ここでは、「鍋」（ないしは「ドンブリ」、「一升瓶」）それ自体は、これに後続する照応詞（「それ」）ないしはゼロ照応詞（「(Φ)」）と直接的には同一指示の関係にない点に注意する必要がある。別の観点から見るならば、この種のメトニミー表現の表層レベルには、後続の照応詞に直接的に対応す

る先行詞は存在していない。しかし、図1の (a)、(b) の規定から明らかなように、上記の例では、「鍋」(ないしは「ドンブリ」、「一升瓶」) が参照点となり、これを起点としてターゲットとしての〈食べ物〉(ないしは〈酒〉) へのアクセスが可能となり、このターゲットが、後続の照応詞の先行詞として同定可能である。

　参照点とターゲットのダイナミックな認知プロセスに基づく以上の照応現象の先行詞 (antecedent[＝ant]) と代名詞 (pronoun[＝pro]) の同一指示の解釈のプロセスは、図2に示される (山梨 2004：123)。

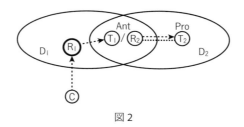

図2

　図2の R_1 は、参照点としての「鍋」(ないしは「ドンブリ」、「一升瓶」)、T_1 はこの参照点を介して認定されるターゲット (〈食べ物〉、〈酒〉)、T_2 はこのターゲットを次の参照点 (R_2) として認定される代名詞 (「それ」、「(Φ)」) に対応する。R_2 と T_2 を結ぶ点線の矢印は、先行詞の R_2 (＝T_1) と代名詞の T_2 の同一指示性 (すなわち、両者が照応的に呼応していること) を示すものとする。

　以上の事実は、メトニミーに関わる認知プロセスは、日常言語の間接照応において重要な役割を担っていることを示している。これに対し、いわゆる連想のプロセス (例えば、上記の表3に見られるような連想のプロセス) は、この種の言語現象には関係しない。例えば、表3に示される鍋から、蓋、取っ手、釜、等は、文脈に応じて連想され得る。しかし、4の例における「鍋」を先行詞とした場合、後続の代名詞の「それ」を (鍋から連想される) 蓋、取っ手、釜、等として解釈することは不可能である。(4の例の文頭の (＃) は、問題の文の適切性が文脈によって左右されること

第6章 日常言語の推論と文法現象 163

を意味する。）

 4. i. （＃）男は、作業場で時間をかけて大きな鍋ᵢを作った。それᵢは
    とてもユニークな形をしており、実に魅力的だ。
  ii. 〈それ＝鍋〉
  iii. a.〈それ≠蓋〉
    b.〈それ≠取っ手〉
    c.〈それ≠釜〉

4のⅰの代名詞の「それ」は、先行文脈の「鍋」と照応関係にある代名詞
として解釈することは可能である（cf.4ii）。しかしこの代名詞は、仮に
蓋、取っ手、釜、等が鍋から文脈に応じて連想されるとしても、先行詞と
して解釈することは不可能である。
 この場合、蓋や取っ手は、鍋に付随している部分であり、鍋と蓋（ない
しは取っ手）は、近接関係にある。したがって、上にみたメトニミーリン
クに基づく照応と同じように、連想的な照応が可能なようにみえるが、実
際には 4iii の a〜c の連想による照応の解釈は不可能である。
 以上の事実は、日常言語のメトニミー表現に関わる認知プロセス（メト
ニミーリンクに関わる認知プロセス）は、一般的な広い意味での連想に関
わる認知プロセスとは質的に異なるプロセスであることを示している。
 広義の連想の認知プロセスもメトニミーの認知プロセスも、人間の心の
プロセスの一部であり、また人間の脳の情報処理プロセスの一面を反映し
ている。本節で考察したメトニミーと連想に関わる認知プロセスの考察
は、連想、推論、思考、判断、等の知のメカニズムを明らかにしていくた
めの認知科学の基礎研究として重要な知見を提供する。

7.　語用論的推論と構文現象

 文法の自律性を前提とする生成文法のアプローチでは、統語現象は、発

話行為や会話の含意に関わる語用論的な要因や言語運用に関わる要因から
は独立した形式的な制約によって記述・説明が可能であるという前提に立
っている。しかし、統語現象の中には、語用論的な推論や言語運用に関わ
る要因を考慮しない限り、その文法性の適否を予測することが不可能な現
象が広範に存在する。この点は、前節までの多様な照応現象の考察から明
らかである。

　本節では、さらに推論が文法現象の記述・説明に重要な役割を担う重要
な言語事実を指摘していく。その一例として、補文構造、等位構造、等の
統語構造に関わる言語現象と語用論的な推論の関係を考えてみよう。

　1の例に示されるように、基本的に標準的な英語の文法では、that- 節
には倒置文は不適切である。しかし、2の例では、that- 節に倒置文の生
起が可能である。

1. a. *I think that is John guilty.

    b. *They expect that will the man be promoted.

2. a. I've just discovered that are we ever in trouble!

    b. Don't forget that am I ever mad at you!

(McCawley 1998: 559)

1と2の事実は、一見したところ矛盾する事実のように考えられる。しか
し、2の例の that- 節の倒置文は感嘆文であり、語用論的には、それぞれ3
の右辺に示される平叙文を含意する。この点で、that- 節に倒置文を含む
2の例は容認可能である。(3の―＊→は、語用論的な含意関係を示すもの
とする。)

3. a. Are we ever in trouble! ― * → We are in trouble.

    b. Am I ever mad at you! ― * → I am mad at you.

同様の点は、because-節に倒置文を含む次の例にも当てはまる。

第 6 章　日常言語の推論と文法現象　　165

4. a.　I'm gonna have breakfast now, because am I ever hungry!

　b.　We should have another party, because what a good time everyone had at the last one!

　c.　The Knicks are going to win, because who on earth can stop Bernard?

　d.　I guess we should call off the picnic, because it's raining, isn't it?

（Lakoff 1984: 474）

基本的に、because-節には倒置文は生起しないが、4 の a、b の because-節には感嘆文、c、d の because-節にはそれぞれ修辞疑問文、付加疑問文が生起している。これらの文は、語用論的には、それぞれ 5 の右辺に示される平叙文を含意する。この点で、because-節に倒置文を含む 4 の例は容認可能である。

5. a.　Am I ever hungry! — * → I am hungry.

　b.　What a good time everyone had at the last one!
　　　— * → Everyone had a good time at the last one.

　c.　Who on earth can stop Bernard?
　　　— * → Nobody can stop Bernard.

　d.　It's raining, isn't it?— * → It's raining.

　口語的なスタイルの日常言語の構文には、この種の語用論的な含意を考慮しない限り予測不可能な埋め込み文が広範に存在する。次の例は、Lakoff の指摘する統語的融合体（syntactic amalgam）と呼ばれる構文である（Lakoff 1974: 321–324）。

6. a.　John invited you'll never guess how many people to his party.

　b.　Babe Ruth hit how could anyone forget how many home runs?

7. Irving's gone God knows where.

8. a. John is going to, I think it's Chicago on Saturday.

   b. John is going to, I'm sorry to say it's Chicago on Saturday.

9. John is going to, I think it's Chicago on, I'm prettty sure he said it was Saturday to deliver a paper on was it morpholexemes?.

これらの例では、動詞ないしは前置詞の目的語として名詞句がくるべき位置に、平叙文、感嘆文、付加疑問文の一部が生起している。統語的な構造だけを見た場合には、この種の構文は破格的な構文であり、規範的な文法規則から見る限り予測不可能な構文である。しかしこれらの埋め込まれた構文は、語用論的な推論を介して連体修飾による叙述（ないしは陳述による叙述）の機能を果たす構文として理解される。この点で、6〜9の例は、容認可能な構文である⁽⁷⁾。

　以上、本節で指摘した言語事実も、推論の認知プロセスが文法現象の記述・説明に非常に重要な役割を担うことを示している。これまでの言語研究は、このような推論が関わる言語事実の重要性を無視し過ぎている（あるいは、等閑視したまま研究を続けている）。

8.　発話の力と等位構造

　統語的な観点から見た場合、and に代表される等位接続詞は、基本的に同じ文法範疇や同じタイプの文構成素を結びつけるものと考えられる。この種の等位構造の典型は、次の用例に見られる。（以下の例のイタリックの部分が、問題の等位構造の構成素に相当する。）

1. a. John speaks *English and French*.

   b. Mary is always *gentle and kind*.

   c. The man trod *slowly and carefully*.

   d. I often see her on my way *to and from* school.

   e. We *sang and danced*.

f.　She told me *that she was very tired and that she wouldn't join us.*

1のaでは名詞、bでは形容詞、cでは副詞、dでは前置詞　eでは動詞、fでは節が、and によって等位的に結びつけられている。1のa～fの等位構造は、いずれも文の構成素の統語関係から成っている。これに対し、2～5の例では、発話レベルにおいて基本的に同じタイプの文が等位構造を形成している。

2.（平叙文）
　　a.　Ted went home and Mary stayed at the office.
　　b.　Tom played the piano and I played the violin.
3.（疑問文）
　　a.　Where are you and what are you doing?
　　b.　What is the problem and what do you want to know?
4.（命令文）
　　a.　Get up quick and study.
　　b.　Close the window and go to bed immediately.
5.（感嘆文、祈願文）
　　a.　How kind of you and how nice of you!
　　b.　May God bless you and may you succeed!

これらの例を見る限り、等位構造は、語彙レベル、句レベル、節レベル、文レベルのいずれにおいても、同じ語彙範疇ないしは文法範疇の構成要素によって規定されるように見える[8]。
　しかし、実際の言語使用を観察した場合、次の6～9のaの例から明らかなように、異なる文型の等位接続が存在する（cf. 山梨 1986: 81、Yamanashi 1989: 297–299）。

6.（命令文＆平叙文）

a. Wash the toilet and the car is still dirty.

b. [The car is still dirty — * → Wash the car.]

7. (疑問文＆命令文)

a. Hey, where is your knife and hold your fork tight.

b. [Where is your knife? — * → Hold your knife.]

8. (平叙文＆疑問文)

a. The sleeves are a bit tight and isn't the waist too tight?

b. [Isn't the waist too tight? — * → The waist is too tight.]

9. (命令文＆平叙文)

a. Please buy some sugar and we need soy sauce, too.

b. [We need soy sauce — * → Buy soy sauce.]

6〜9のaの構文は、表層レベルでは、明らかに異なる文型の等位構造から成っている。しかし語用論的に見た場合、これらのaの構文の等位節の一方からは、bに示される会話の含意が誘引される。（bの—*→は、会話の含意を示す。）この会話の含意のレベルでみるならば、6〜9のaの構文は、語用論的に同じ発話の機能を担う等位節から成る構文として解釈することが可能となる。すなわち、語用論的には、6と7のaは、〈命令—命令〉、8のaは〈陳述—陳述〉、9のaは〈依頼—依頼〉の発話の力を担う等位構文として解釈することが可能となる[9]。

日常の会話では、以上に見られるような異なる文型から成る等位構文が広範に観察される。

10. 'Will you come with me, young sir, if you please,' he said, opening the door, 'and I shall have the pleasure of taking you home.'

(Charles Dickens, *David Copperfield*: p.178)

11. a. May I invite you to lunch, and then we could have a bit of a planning session about it all afterwards.

(B. Jean Naterop and Rod Revell, *Telephoning in English*: p.99)

b.　Could I ask you to check with your bank and let me know exactly
　　　　when the remittance was made, you know, date, which bank, ...
　　　　and so on.　　　　　　　　　　　　　　　　　　　(ibid.: p.80)
12.　Why don't you come on over to our side, and we'll blow the hell out of
　　'em. ...What d'ya say?
　　　　　　　　　(Edward Albee, *Who's Afraid of Virginia Woolf?* : p.99)

これらの例では、基本的に第1等位節が、後続の等位節の発話行為の準備
条件ないしは適切性条件を示す発話機能を担っている。
　同じ文型から成る等位構文においても、各等位節が同じ語用論的な機能
を担う節として結ばれているとは限らない。次の会話例を見てみよう[10]。

13.　a.　I'm very pleased about that. And I'm very grateful to you for ar-
　　　　ranging things.
　　b.　In the meantime, I'd like to apologize on behalf of the company
　　　　and thank you for being so cooperative about it.
　　　　　　　(B. Jean Naterop and Rod Revell, *Telephoning in English*: p.104)
14.　a.　Hurry into bed now and shut your eyes and go right to sleep!
　　　　　　　　　(Sherwood Anderson, *The Triumph of the Egg*: p.121)
　　b.　You eat like a pig, and somebody should tell you.
　　　　　　　　　　　　　　(Phillip Roth, *Portnoy's Complaint*: p.33)

13のa、bの等位構文は基本的に平叙文から成り、各等位節の発話機能も
陳述型ないしは態度表明型として共通している。14のa、bの等位構文の
場合にも、各等位節は命令文ないしは平叙文であり、基本的な文型は同じ
である。しかし、14の構文の等位節の発話機能は異なる。14のaの最初
の等位節は次の等位節の行為の前提となり、次の等位節は、最後の等位節
の行為の前提としての発話機能を担っている。この点で、14のaの構文
の等位節は、中立的な等位関係にはなっていない。14のbの等位節は、

いずれも平叙文であるが、各節の語用論的な機能は異なる。この構文の後続の等位節は、最初の等位節における発話の理由づけの機能をになっている。この点で、やはり14のbの構文の等位節も、中立的な等位関係にはなっていない⁽¹¹⁾。

9. 等位構文のゲシュタルト的解釈

　一般に、等位構造が関わる構文に関しては、次のような制約が存在する。すなわち、等位構造の等位項（conjunct）に含まれているどのような要素も、その等位項の外に移動してはならない、という制約が存在する（Ross 1986: 97–120）。この制約は、一般に、等位構造制約（coordinate structure constraint）と呼ばれている。

　次の例を考えてみよう。

1. a. I went to the store and Mike bought some whisky.

   b. *Here's the whisky which I went to the store and Mike bought.

   （Ross 1986 : 103）

1のaは、典型的な等位構造の構文であるが、この場合、第2等位項の一部である some whisky をこの等位項の外に移動した1のbの文は非文となる。

　しかしこの種の等位構造制約に関しては、次のような例が問題になる。

2. a. I went to the store and bought some whisky.

   b. Here's the whisky which I went to the store and bought.

   （Ross 1986 : 103）

3. What did Harry go to the store and buy?　（Lakoff 1986: 152）

これらの例のうち、2のbと3の例では、接続詞の and に後続する第2等

位項の一部が外置されている。従ってこの種の例は、上の等位構造制約の反例になるように見える。

しかし、このタイプの例の等位構造の構文は、次の点で通常の等位構文とは異なる。まず、この種の構文の第1等位項にくる動詞は、4に示されるように、典型的には第2等位項の行為を行うための前提となる移動の動詞である。

4. a. Go and shut the door.
   b. Come and visit us.

この種の等位構文の第1等位項の行為は、第2等位項の行為の前提となる移動の行為であるという点で、この構文に関わる二つの行為は、ゲシュタルト的に一体化した行為として解釈される。このゲシュタルト的に一体化した等位構造と、並列的な行為から成る等位構造の違いは、図3の認知図式の違いとして理解される。（図3のP、Qは、等位関係にくる問題の行為を示すものとする。）

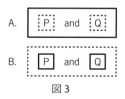

図3

図3のAは、二つの行為P、Qがゲシュタルト的に一体化している事態認知を示している。この図において、二つの行為を囲む外側の太線のボックスは、二つの行為P、Qのゲシュタルト的な一体性を示している。これに対し、Bの図は、二つの行為P、Qが独立した行為として並列する事態認知を示している。この図において、それぞれの行為を独立に囲む二つの太線のボックスは、二つの行為P、Qの独立性を示している。

4のタイプの等位構文が、ゲシュタルト的に一体化された行為と解釈さ

れる点は、以下の例に見られるように、この構文の接続詞の and が省略される事実からも裏づけられる。

5. a. Go shut the door.
   b. Come visit us.
6. Go jump in the water.

類例は、7と8の第1文の発話にも見られる。

7. "I'll go see him," Nick said to George. "Where does he live?"
   The cook turned away.　　　　　　　　　(Ernest Hemingway, *The Killers*: p.8)
8. "May I come see you tonight and show you?" ... "How about after tennis?" "I'll be sweaty," Brenda said.

(Philip Roth, *Goodbye Columbus*: p.5)

　Lakoff（1986）は、第1等位項に go や come のような移動動詞がくる等位構文は、一連の行動系列を規定するシナリオに基づく特殊な構文であり、この種の構文に限り、上記の等位構造制約は適用しないとしている（ibid.: 157）。

　これに対しここでは、この種の等位構文は、字義通りの等位関係から成る構文ではなく、二つの行為（すなわち、移動の行為とこれを前提とする後続の行為）がゲシュタルト的に一体化した疑似等位構文と見なす。この種の構文が複数の行為の一体化したゲシュタルト的な特徴をもっている点は、上記の5〜8の接続詞の and が省略された構文によって裏づけられる。このようにゲシュタルト的に一体化した構文は、統語的にも意味的にも単文として機能する構文と見なすことができる。この点で、上記の2bと3のタイプの構文には、字義通りの等位関係から成る構文に適用される等位構造制約は適用しないことになる[12]。

　以上、前節と本節で指摘した言語事実は、推論の問題には直接には関係

第6章　日常言語の推論と文法現象　　173

ないように見える。しかし、一見したところ等位構造の制約に違反しているように見える統語現象にも、推論を介した等位性が認められる。この点で、日常言語の文法の記述・説明に際しては、推論の認知プロセスが重要な役割を担う。

10.　省略の論理と推論

　日常言語と数学、論理学などの形式言語の基本的な違いの一つは、省略の有無にある。後者のタイプの言語は明示的な記号の体系から成り、基本的に省略は許されない。これに対し、日常言語はさまざまな省略に満ちている。日常言語の中でも、特に文脈への依存性が高い日本語には、省略に基づくきわめて飛躍的な言語表現が存在する。その典型例としては、1の発話の「だったら、すれば！」のような発話が考えられる。

　　1.　A：「痩せたいので、次の日曜からダイエットするよ」
　　　　B：「だったら、すれば！」

一見したところ、1のBの発話における「だったら」は、接続の機能を担う表現としての用法が確立しているように見える。しかし、2の例から明らかなように、この種の表現の背後には条件節の命題が省略されている。

　　2.　a.　だったら …。
　　　　b.　（そうしたいん／そうであるの）だったら …。

したがって、1のBの発話の「だったら」は、この種の省略に基づく文法化のプロセスを経て確立された接続の用法と見なすことができる。（この種の接続表現としては、さらに「なら」、「なのに」、「だとすると」、等が典型例として挙げられる。）
　では、1のBの発話における「すれば！」はどうか。発話行為の観点か

174

ら見た場合、この表現は、示唆、忠告、指示、等の発話の力を伴う（いわ
ば、スピーチアクト・イディオムとしての）慣用表現と見なすことができ
る。しかし、3に示されるように、このタイプの表現も、条件文の後件の
命題（「いい」／「よい」、等）の省略に基づく文法化のプロセスを経て確
立した表現である。

3. a. すれば！
   b. すれば、（いい）！

これらの二つの表現（i.e.「だったら、すれば！」）が文法化され慣用化
している点は、さらに4のaからbへのパラフレーズから明らかである。

4. a. だったら、すれば！
   b. （そうしたいん）だったら、すれば（いい）！

すなわち、4の「だったら」は「そうしたいんだったら」にパラフレーズ
が可能である。また、「すれば」は、「すればいい」にパラフレーズが可能
である。ここで、「そうしたい」を命題P、「する」を命題Q、「いい」を
命題Rとするならば、「だったら、すれば！」の発話の背後に存在する論
理関係は、5のように規定することが可能となる。

5. a. $P \rightarrow Q$
   b. $((P \rightarrow Q) \rightarrow R)$
   [P ＝［「そうしたい」、Q ＝「する」、R ＝「いい」]

また、この論理関係は、図4に示される。（図4の太線のボックスで囲ま
れた部分は、言語化されている部分を示している。これに対し、破線のボ
ックスで囲まれた部分は、背景化され省略されている部分（i.e. ϕ）を示
している。）

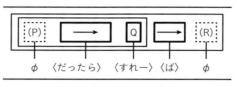

図4（山梨 2000: 81）

図4から明らかなように、「だったら、すれば！」という表現では、条件文の前件の命題（P＝「そうしたい」）は背景化され、言語化されていない。言語化されているのは、この命題を受ける接続助詞（「だったら」）と後件の命題（Q＝「する」）だけである。また、この表現自体は全体として、さらに「すれば」の接続助詞の「ば」に後続する（背景化されている）命題（R＝「いい」）の前件として機能している。

「だったら、すれば！」という表現は、一見したところ非常に簡単な会話の断片としての表現に見えるが、以上の分析から明らかなように、この表現は、一つの条件文に対応する命題（P ⟶ Q）が、もう一つの条件文に対応する命題（X ⟶ R）の前件（X）に埋め込まれた、複合的条件表現として機能している。

11. 結語

本章では、日常言語の言語理解を特徴づける各種の推論の認知プロセスとの関連で、日常言語の文法現象と意味現象を考察した。認知言語学を含むこれまでの言語学の研究では、日常言語の文法現象、意味現象と推論の相互関係に関わる本格的な研究はなされていない。その理由は、伝統的な言語研究のアプローチに起因する。これまでの言語研究では、形式と意味の関係から成る記号系の研究が中心となっている。その中でも、特に統語論を中心とする文法の研究は、言語学の研究の中核と見なされている。この伝統的な言語観から見た場合、推論の認知プロセスは、人間の思考、判断のメカニズムに関わる論理学が研究の対象とすべき現象として、言語学

の分野では等閑視されている。このアプローチは、文法中心主義（i.e. 文法ショーヴィニズム）のアプローチであり、文法とこれに関連する言語現象は、推論が関わる現象とは独立に研究が可能であるという前提に立っている。しかし言語現象の中には、推論に関わる問題を考慮しない限り、自然な予測・説明が不可能な文法現象や意味現象が広範に存在する。

　本章では、言語理解を特徴づける各種の推論との関連で、日常言語の文法現象、意味現象の一般的な記述・説明を試みた。本章で考察した推論の中には、三段論法に代表される演繹的推論、暗黙値（ないしは典型値）に基づくデフォールト的推論、焦点化の認知プロセスに基づくメトニミー的推論、慣習的な知識に基づく誘引的推論、文脈や背景的知識に基づく語用論的推論などが含まれる。本章では、この種の推論が、照応現象、省略現象、構文現象、遂行文や条件文の背景化、等の言語現象の一般的な記述と説明において重要な役割を担う事実を明らかにした。一般に推論の問題は論理学の問題、文法現象は言語学の問題として先験的に区別する暗黙の前提が存在するが、この種の先験的な区分には本質的な問題がある。本章の考察は、日常言語のメカニズムに、多様な推論に基づく自然論理が密接に関わっていることを示している。また以上の考察は、日常の言語伝達の中核を成す文法のメカニズムと思考、判断の中核を成す論理のメカニズムの相互関係の解明に重要な手がかりを与える。

　　　注

（1）　語り手や書き手の主観的な態度に関わる表現は、広い意味でのモダリティの表現の一種と見なすことができる。照応関係を理解していくためには、このモダリティに関わる要因とモダリティ以外の文の意味内容の相互関係を明らかにしていく必要がある。

（2）　本節で考察している6、8のタイプ推論は、厳密には主観的な推論であり、純粋に論理的（ないしは意味的）な推論ではない。これに対し、以下に示される意味公準（meaning postulates）によって規定される推論

は、論理的、意味的な推論である。

〈意味公準〉

(i) bachelor (x) $\longrightarrow$ unmarried (x)
(ii) wife (x) $\longrightarrow$ female (x)
(iii) kill (x, y) $\longrightarrow$ die (y)
(iv) receive (x, y) $\longrightarrow$ have (x, y)

この公準の左辺が真であるならば、文脈や背景的な知識に関係なく、右辺が真であることが推論される。例えば (i) の場合、ある男性が独身者であるという命題からは、必然的に彼は結婚していないという命題が推論される。(ii) の場合、ある人物が妻であるという命題からは、その人物は女性であるという命題が推論される。基本的に同様の左辺から右辺への推論関係は、(iii) と (iv) にもあてはまる。この点で、上の意味公準が規定する推論は、論理的（ないしは意味的）な推論の典型例と言える。

（3） 9の例の大前提に相当する文は能動文であるが、推論のステップを示す説明の便宜上、表2の大前提は、帰結と同じように受動文の形でパラフレーズしている。この能動と受動のパラフレーズの違いは、ここで問題にしている推論の論理的なプロセスには影響しない。

（4） 推論が関わる間接的な照応の例としては、さらに次の例も参考になる。

> (i) 子供がいなければ、夫婦げんかはないですね。勝負は子供がどちらにつくかで決まります。うちが［そう］だからというわけじゃないが、父親は孤立します。
> (ii) ［そう］＝［（夫婦げんかのときに）子供が母親につく］

この場合の代名詞の［そう］の先行詞は、この代名詞の前後の文脈に直接には存在していない。この場合の先行詞は、問題の代名詞の前後の文脈（i.e.「勝負は子供がどちらにつくかで決まります」/「父親は孤立します」）からの語用論的な推論に基づいて間接的に理解される。

（5） ここでは、「フレーム」(frame) という用語は、人間が持っている知識の枠組を意味する。ここで問題にする知識の中には、個別的な知識、一般的な知識のいずれも含まれる。またこの種の知識は、単語や語句

などの認知枠に関わる知識から、外部世界に関わる言語外の知識の枠組みまでを含む。このフレームの概念に関しては、特にFillmore (1977)、Minsky (1980) を参照。

（6）　文や談話、テクストを特徴づける情報は多様である。この種の情報の中には、問題の文や談話、テクストの背景的な知識に関わる情報によって間接的に誘引される情報も含まれる。この点は、次のような対話から明らかになる。

> A: 午後の新幹線？
> B: 伊丹からです。　　　　　　（三浦 浩『京都大学殺人事件』: p.84）

これは、関西から上京してきた知り合い (A, B) が偶然に出合った場面での対話である。この対話は簡略化されており、一見したところかなりの飛躍がある対話に見える。さらに言えば、この対話には、A と B の台詞の意味だけからは直接的なつながりは無いように思われる。しかし、この対話を聞く人が B の台詞の「伊丹」が空港（すなわち、伊丹空港）であることを理解するならば、以上の対話が、陸路か空路の交通手段に関する対話であることが自然に理解される。

（7）　次の会話の条件文とその前後の文の共起関係を考えてみよう。この種の条件文の生起も、語用論的な含意や発話の力に関わる要因を考慮しない限り、その適切性は予測できない。

> (i) 'Now, if we put this chesterfield against the wall and move everything out of the room except the chairs, don't you think?'
> 'Quite.'　　　　　（Katherine Mansfield, *The Garden Party*: p.72)

> (ii) I hope you ... find everything all right.
> Well, I guess, that milk for the cat is all, Mrs. Schwartz, if you're sure you don't mind.
> （Thornton Wilder, *The Happy Journey to Trenton and Camden*: p.60)

(i) の条件文の前件 (if we put this ...) は、表層レベルでは、don't you

第6章　日常言語の推論と文法現象　179

think? と共起関係にあるように見えるが、この条件節に後続するはずの後件は語用論的に背景化されている。(ii) の場合の条件文の前件 (if you're sure you don't mind) も、表層レベルでは、これに先行する平叙文と共起関係にあるように見えるが、実際にはこの条件文の前件は、先行する平叙文の命題に関わる依頼の発話の力と呼応関係にある。

(8)　等位構造は、次のような発話行為のレベルにも見られる。

> (i) Say hello to Mary and have a nice trip.
> (ii) Good-bye and good luck!

(9)　ここで問題とする等位節の語用論的な含意は、基本的に常識的な推論によって誘引される含意である。もし問題の等位節の含意が非慣習的な会話の含意の場合には、異なる文型から成る等位文の適切性は下がる。次の例を考えてみよう (Yamanashi 1989: 299–302)。

> (i) a. ?* The window is still open, and go to bed.
>   b. Close the window and go to bed.
> (ii) The window is still open ─ * → Close the window.

例えば、(i) の a の最初の平叙文の等位節は、(文脈によっては) 語用論的な会話の含意として (ii) の右辺に示される命令を誘引し得る。従って、(i) の a は、語用論的には、命令文の等位構造から成る (i) の b の意味として解釈可能である。しかし、実際には、(i) の a の適切性は下がる。非慣習的な会話の含意に関わる等位構文の語用論的制約と統語構造の問題に関しては、さらに Yamanashi (1989) を参照。

(10)　類例としては、次の例が考えられる。

> "Wet a napkin and put it around that cutting and then wrap it in foil, and put it in water when you get there. That way, you wouldn't have to hold a glass of water all the way to New York."
>
> (Ann Beattie, *The Cinderella Waltz*: p.47)

この例の最初の等位構文は、先行の等位節が、後続の等位節の行為の前

提としての遂行的発話の機能を担っている。

(11) 等位構造に関係する構文は、選言構造が関係する構文と基本的に異なる振る舞いをする。Lakoff (1971) は、次の例に見られるように、複数の発話行為から成る等位構文は可能であるが、複数の発話行為から成る選言構文は非文となる興味深い事実を指摘している（ibid.:277）。

 (i) a. I order you to leave and I promise to give you ten dollars.
   b. * I order you to leave or I promise to give you ten dollars.
 (ii) a. To hell with Lyndon Johnson and to hell with Richard Nixon.
   b. *To hell with Lyndon Johnson or to hell with Richard Nixon.
 (iii) a. To hell with Lyndon Johnson and Richard Nixon.
   b. *To hell with Lyndon Johnson or Richard Nixon.

同様の違いは、(iv) の呼びかけ表現の共起関係にも見られる（ibid. 277）。

 (iv) a. John and Bill, the pizza has arrived.
   b. *John or Bill, the pizza has arrived.

等位関係と選言関係の違いではないが、every と some の量化子の共起関係にも文法性の違いが見られる（ibid. 277）。

 (v) a. To hell with everyone.
   b. *To hell with someone.
 (vi) a. (Hey) everybody, the pizza has arrived.
   b. *(Hey) somebody, the pizza has arrived.

(12) 接続詞の and が省略される等位構文の類例としては、さらに次のような例が挙げられる。

 (i) They'll go ask him.
 (ii) I'll come do it.

（iii）They didn't come do it.

（iv）We'll run tell him.　　　　　　　　　　（Nida 1966: 101–102）

この種の構文の第 1 等位項にくる動詞は、27 の例と同様、第 2 等位項の行為を行うための前提となる移動の動詞である。

第7章

結語と展望

1. 言葉の論理と自然論理の身体性

　本書では、形式論理との関連で、日常言語の背後に存在する自然論理の
メカニズムの諸相を考察した。形式論理は科学的な思考において重要な役
割を担っているが、この思考の論理は、客観主義的な世界観を前提として
いる。客観主義的な世界観では、人間の理性的な側面は、感性、想像力、
主観性、等の主体の身体性に関わる要因とは切り離され、理性的な側面か
ら、人間の思考、推論をはじめとする主体の知のメカニズムの探究が試み
られる。この世界観では、思考、推論をはじめとする心的プロセスは、主
体の身体性に関わる要因とは独立した抽象的な記号操作によって規定さ
れ、これに付与される意味は、客観的に構築された世界、すなわち、主体
から独立して存在する世界との対応関係によって捉えられるという前提に
立っている。

　形式論理の客観主義的な世界観は、記号計算主義のアプローチを前提と
する認知科学の関連分野の研究の前提になっている。記号計算主義のアプ
ローチは、思考、推論が関わる情報は、命題の分節構造から成る記号表示
を前提としている。また思考、推論のプロセスは、この記号表示に対する
一連の形式的な操作であり、心のプロセスは記号操作の計算過程として規
定される。換言するならば、このアプローチは、次のような記号観（ない
しは言語観）を暗黙の前提としている：（i）記号系は、外部世界と相互作
用していく言語主体とは独立に存在し、その体系は記号表示によって規定

することが可能である。(ii) 記号系の背後の意味は、言語外の文脈から独立した指示値 (ないしは真理値) として規定される[1]。

この記号計算主義のアプローチでは、自律的な記号の形式と意味の関係から成ると仮定される形式的な知識の分析に力点が置かれ、その背後に存在する言語主体の認知能力や運用能力から思考、推論を可能とする能力の本質を探究していくという視点が欠如している。また記号計算主義のアプローチでは、理性の営みは身体性に関わる制約とは独立して規定可能であるという前提に立っている[2]。

本書では、日常言語の思考、判断を特徴づける自然論理に関わる言語現象の具体的な記述と分析を通して、人間の知のメカニズムの一面を考察した。本書の考察を通して、思考、推論、等の心のプロセスは、人間の感性、想像力、視点の投影、視点の変換、等の身体性、主観性を反映するさまざまな認知プロセスによって動機づけられている事実を明らかにした。この事実は、以上の客観主義の世界観を背景とする記号計算主義のアプローチを前提とする人間の思考、判断の研究の本質的な限界を示している。またこの事実は、人間の心的プロセスに関わる主体の身体性、主観性の要因を無視した人間の知のメカニズムの探究には本質的な問題があることを示している。

2. 認知プロセスの主観性と日常言語の論理

本書では認知言語学の視点から、日常言語の背後に存在する自然論理の諸相を考察した。認知言語学の研究は、文法、シンタクスを中心とする従来の研究で分析されてきた言語現象を根本的に問い直すだけでなく、これまで等閑視されてきた人間の主観的で創造的な認知プロセスを反映する言語現象にも目を向け、研究のスコープを広げてきている。

しかし、これまでの認知言語学の研究では、言語主体が世界を解釈していく際の認知プロセスと言葉の論理の相互関係に関する研究はなされていない。従来の言語研究で言葉の論理性を問題にする場合には、基本的に平

叙文の言明に対応する命題の真偽の判断は問題にされるが、命題に対応する事態の解釈に関わる主体の認知プロセスと論理の相互関係、平叙文以外の発話行為の遂行（疑問文、命令文、感嘆文、等の発話行為の遂行）とこの種の発話に関わる言語主体の主観的な認知プロセスの相互関係に関する考察はなされていない。ここで問題とする主体の認知プロセスの中には、視点の投影、焦点化、背景化だけでなく、図・地の分化と反転、スキャニング、参照点起動のサーチング、等が含まれる。この種の認知プロセスは、日常言語の創造的な伝達を可能とする重要な心的プロセスの一部を構成している。

　日常言語の論理のメカニズム（特に柔軟で創造的な自然論理のメカニズム）を明らかにしていくためには、この種の認知プロセスの考察が重要な役割を担う。本書では、言葉の論理性と発話行為の語用論的な側面、修辞的な側面の相互関係を、日常言語の具体例の記述と分析を通して考察した。また以上の考察を通して、日常言語が、形式言語の論理性を越えるきわめて柔軟で創造的な論理（i.e. 自然論理）によって特徴づけられている事実を明らかにした。

　言語学の研究では、人間の思考、判断に関わる知の探求は、基本的に論理学の研究の一部として位置づけられ、文法プロパーの研究や語用論や修辞学に関わる研究とは基本的に区別されている。しかし、本書で考察した自然論理に関わる言語現象には、形式論理学が明らかにしてきた狭義の論理性に関わる要因だけでなく、修辞的な要因や会話の含意、発話の力などの語用論的な要因、照応現象、省略現象、等の文法に関わる要因も密接に関係している。この事実は、言葉の論理性に関する文法論、意味論、語用論、修辞学の多角的な視点からの見直しの必要性を示していると言える[3]。

3.　言葉の修辞性と論理の世界

　前節の考察から明らかなように、日常言語の論理のメカニズムを明らかにしていくためには、文法論、語用論、修辞学をはじめとする言語研究の

関連分野に関わる多角的な視点からの考察が重要な役割を担う。しかし、これまでの形式論理を中心とする研究は、文字通りの言葉の意味に関わる論理 (i.e. 文の文字通りの真偽の判断に関わる論理) の考察に終始しており、日常言語の創造性を特徴づけるメタファー、メトニミー、等の修辞的な意味と論理の関係は考察の対象とはなっていない。形式論理の世界では、命題の真偽に関する文字通りの意味の研究が前提とされており、メタファー、メトニミー、等の命題の修辞的な意味の世界に関わる分析はなされていない。この形式論理のアプローチの背後には、メタファー、メトニミー、等の言語表現 (ないしはこれに基づく命題) は、言葉の主観性を反映する非論理的な意味の世界であり、そこには真偽の判断に関わる論理性は認められない、という暗黙の前提が存在している。

　しかしこの見方は、形式言語を前提とする論理学の思考の枠組みにおける一面的な見方に過ぎない。本書の考察から明らかなように、メタファーには、自然論理に基づく柔軟な論理性が認められる。メタファーは、文字通りにはカテゴリーミステイクを犯している偽の命題を内包している[4]。しかし、メタファーを使う言語主体の伝達の目的は、この偽の命題の意味を伝えるのではない。メタファーの機能は、その命題が偽であることを前提にし、実際に意図する意味を推論を介して伝える点にある。この意味で、メタファーには論理学が対象とする文字通り言語表現と同様、命題の真偽判断とこれに基づく推論が関わっている[5]。また、メトニミーが関わる言語表現は、表層レベルの言語表現それ自体は、事態認知の焦点化された部分だけを参照点として言語化しているため、非論理的な表現のように見えるが、この参照点に基づいて起動されるターゲットの意味解釈レベルを考慮するならば、真偽の判断が可能な命題レベルの規定が可能となる[6]。この点で日常言語には、(文字通りの表現であれ、修辞的な表現であれ) その背後に真偽判断が関わる自然論理が存在している。

　本書では、日常言語の文字通りの意味に関わる論理のメカニズムの側面だけでなく、メタファー、メトニミー、等の修辞的な意味に関わる論理のメカニズムの一面を明らかにした。日常言語の論理に関わる以上の考察

第 7 章　結語と展望　　187

は、コミュニケーションにおける人間の思考、判断のプロセスの柔軟性と
創造性の研究に重要な知見を提供する。

4.　文法現象と自然論理の推論

　日常言語の理解は、柔軟な情報処理のプロセスから成り立っている。言
葉の伝達に関わる情報は多様である。この種の情報の中には、言葉の文字
通りの意味に関わる情報だけでなく、文脈情報、伝達の場面に関わる情
報、さらに論理的な推論や言語外の知識を背景とする語用論的な推論によ
って誘引される情報も含まれる。日常言語の理解は、このようなさまざま
な情報に基づく柔軟な情報処理のプロセスによって特徴づけられている
が、これらの要因の中でも、特に推論はこの柔軟な言語情報処理において
重要な役割を担っている。推論を介して誘引される情報は、必ずしもわれ
われが直接に意識しているとは限らない。この種の情報の一部は潜在的に
存在している。われわれは、言語レベルに現れている情報だけでなく、文
脈や推論によって誘引されるこの種の潜在的な情報もくみ取りながら柔軟
な伝達をおこなっている。

　日常言語の理解には文脈や推論による伝達が関わっているが、この種の
伝達のメカニズムを特徴づける推論と潜在的な文脈の研究は、本格的には
なされていない。またこれまでの言語学の研究では、日常言語の文法現象
と推論の相互関係に関わる研究も本格的にはなされていない。その理由
は、従来の言語研究へのアプローチに起因する。一般に、言語学の研究
は、形式と意味の関係から成る記号系の研究が主眼となっている。その中
でも、特に文法の研究は、言語学の研究の中核と見なされている。この種
の伝統的な言語観から見た場合、推論に関わる要因は、文法とは独立した
人間の思考のメカニズムに関わる研究（特に論理学の研究）が考察の対象
とすべき要因として、言語学の分野では等閑視されている。この伝統的な
言語学のアプローチは、日常言語のメカニズムの中核に関わる文法現象や
統語現象は、推論に関わる要因とは独立に研究が可能であるという前提に

立っている。しかし言語現象の中には、推論に関わる要因を考慮しない限り、自然な予測・説明が不可能な文法現象や統語現象が広範に存在する。

本書では、日常言語の言語理解を特徴づける各種の推論との関連で、文法現象の一般的な記述と説明を試みた。特に本書で考察した推論の中には、三段論法に代表される演繹的推論、暗黙値（ないしは典型値）に基づくデフォールト的推論、焦点化の認知プロセスに基づくメトニミー的推論、慣習的な知識に基づく誘引的推論、文脈や背景的知識に基づく語用論的推論などが含まれる[7]。本書では、この種の推論が、照応現象、省略現象、構文現象、遂行文や条件文の背景化、等の言語現象の一般的な記述と説明において重要な役割を担う事実を明らかにした。一般に推論の問題は論理学の問題、文法現象は言語学の問題として先験的に区別する暗黙の前提が存在するが、この種の先験的な区分には本質的な問題がある。本書では、日常言語のメカニズムに多様な推論を可能とする自然論理が密接に関わっている事実を明らかにした。この事実は、日常の言語伝達の中核を成す文法のメカニズムと思考、判断の中核を成す論理のメカニズムの相互関係の解明のための重要な知見と研究の手がかりを与える。

5. 展望

本書では、人間の柔軟で創造的な思考、判断を可能とする自然論理のメカニズムの諸相を、日常言語の文法、意味、言語運用に関わる具体的な言語現象に基づいて考察した。本書の考察から、これまでの言語研究の前提となっている言語観の限界と今後の言語研究の進むべき新たな方向が見えてくる。

西洋の伝統的な学問においては、文法学・論理学・レトリックは、古典的な学問の中核である三学科を構成する独立した部門として区分されている。この伝統的な区分に従うならば、文法学の部門だけが言語研究のターゲットであり、論理学とレトリックの部門は、言語学の関連部門として等閑視されることになる。これに対し本書では、日常言語の思考、判断のプ

ロセスを特徴づける自然論理の観点から、文法に関わる言語現象だけでなく、論理に関わる言語現象、レトリックに関わる言語現象も考慮に入れながら言葉のメカニズムの解明を試みた。日常言語には、文法・論理・レトリックのどの側面も密接に関わっている。したがって、言葉の研究をより体系的に進めていくためには、狭い意味での文法の研究だけでなく、思考、判断の基本を成す論理的な要因、言葉の綾（ないしは思考の綾）に関わる修辞的な要因も考慮した研究（i.e. 文法学、論理学、レトリックの統合的な研究）が必要となる[8]。

　また本書の考察から、これまでの形式文法が前提とするシンタクス・ショーヴィニズムの言語研究の限界が明らかになる。形式文法のアプローチは、文法の中核を成す統語現象に関しては、言葉の意味、推論、発話機能から独立した純粋に統語的な制約から一般的な記述・説明が可能であるという前提（i.e. 統語論の自律性の前提）に立っている[9]。本書では、前節に指摘した多様な言語現象と推論現象の相互作用（e.g. 照応現象、省略現象、構文現象、遂行文や条件文の背景化、等の言語現象と推論現象の相互作用）の具体的な分析を通して、形式文法における統語論の自律性を前提とする言語学のアプローチの限界を明らかにした。

　本書の自然論理と日常言語の研究は、認知科学（cognitive science）の分野に対し新たな知見を提供する。認知科学の分野は、人間の知のメカニズムの解明を目指す学際的な研究分野である。この分野において問題とする知の探求の中には、言語、推論、記憶、連想、知能、等の様々な知の研究が含まれる。認知科学は、これまでの制度化された個々の学問分野の垣根を越え、各分野の研究の知見を統合する学際的な研究を目指している。しかしこれまでの研究を振り返った場合、言葉の研究は言語学、推論は論理学、記憶、連想、等は心理学、というように依然として棲み分け的な研究が主流となっており、旧来の各分野のパラダイムを越える統合的な研究までには至っていない現状にある。本書の自然論理と日常言語のメカニズムの研究が、これまでの閉塞的な関連分野の垣根を越え、認知科学の知のメカニズムの解明に少しでも貢献するならば、本書の目的は達成されたこと

になる⁽¹⁰⁾。

注

（1） 客観主義の世界観に基づく記号計算主義のアプローチは、認知科学の研究文脈の中で次のような位置づけが可能である。認知科学の歴史的な展開は、基本的に次の三期に区分される（cf. 山梨 (2000: 265)、山梨 (2012: 1)）。

> 第1期： 記号表示、記号操作の計算主義のアプローチに基づく認知科学。
> 第2期： コネクショニズム、ニューラルネットの脳科学的な視点を背景とする認知科学。
> 第3期： 身体 - 環境の相互作用的な視点、アフォーダンス的な視点を背景とする認知科学。

本書で問題にしている記号計算主義のアプローチは、初期（i.e. 第1期）の認知科学のパラダイムを前提としている。この初期の認知科学の批判的考察に関しては、Lakoff and Johnson (1999: 74–78)、山梨 (2000: 265–266)、山梨 (2012: 1–4)、Yamanashi (2016) を参照。

（2） 思考、推論のプロセスを、（外部世界の事態に対応する）命題の真理値の計算として規定する形式論理の基本的な発想は、初期ウィトゲンシュタインの以下の論考に窺える（Wittgenstein 1922: 11–51）。

> 2.0201: Every statement about complexes can be resolved into a statement about their constituents and into the propositions that describe the complexes completely.
>
> 2.04: The totality of existing states of affairs is the world.
>
> 2.06: The existence and non-existence of states of affairs is reality.
>
> 4.01: A proposition is a picture of reality. A proposition is a model of reality as we imagine it.
>
> 4.121: Propositions show the logical form of reality.

この言葉と論理に関する世界観は、基本的に成立している事態の総体が世界であり、命題は事態の論理形式を示し、事態の像であることを主張している。また複合命題は基本命題から構成され、複合命題の真理値は、基本命題の真理値に基づいて構成的に計算されると主張している。

　また、この言葉と論理に関する世界観は、分析哲学の対応理論（correspondence theory）に基づく真理条件的意味論（truth-conditional semantics）の枠組みの基礎となっている。形式論理学は、基本的にこの線に沿った論理学の枠組みに基づいている。

（3）　人間の柔軟で、創造的な思考、判断のプロセスを反映する自然論理の観点から見るならば、平叙文の言明の真偽判断に基づく推論だけでなく、命令、約束、命名、等の発話行為の遂行に関わる推論も考察の対象として研究を進めていくことが可能となる。

　これまでの形式論理学の研究では、三段論法に基づく推論は、平叙文の言明から成る前提と帰結の命題だけに限られている。その典型例としては、「人間は死ぬ運命にある。ソクラテスは人間である。故に、ソクラテスは死ぬ運命にある。」のような（平叙文だけの言明から成る）三段論法の推論が考えられる。

　しかし日常言語の会話の中には、次のような命令、宣告、約束、命名などの発話行為が関与する推論も存在する。ここでは、以下の (i) 〜 (iv) の推論が関わる三段論法を、遂行的三段論法（Performative Syllogism）と呼ぶことにする。

　　　　(i)　全ての敵をやっつけろ！
　　　　　　あいつは敵だ。
　　　　　　──────────────
　　　　　　あいつをやっつけろ！
　　　　(ii)　我が社の社員はみな首だ！
　　　　　　私はこの会社の社員です。
　　　　　　──────────────
　　　　　　じゃあ、君は首だ！
　　　　(iii)　僕は出会った女性は誰でも幸せにするよ！
　　　　　　僕は君に出会った。
　　　　　　──────────────
　　　　　　だから、僕は君を幸せにするよ！

（iv）私は全ての犬をポチと命名する。

このペットは犬です。
_____

じゃあ、そのペットはポチだ。

形式論理学を含むこれまでの伝統的な論理学の研究では、この種の遂
行的三段論法が関わる推論の研究はなされていない。本書で提示した
自然論理の枠組みでは、平叙文だけの言明から成る三段論法の推論だ
けでなく、以上の遂行的三段論法の推論の分析も可能となる。

（4）　ここでは典型的なメタファー(特に、「あの子は天使だ」、「君の瞳は宝
石だ」のような典型的な隠喩）におけるカテゴリーミステイクを問題に
している。しかし厳密には、カテゴリーミステイクを犯していないメ
タファーも存在する。メタファーにおけるカテゴリーミステイクの有
無の問題に関しては、本書（第4章4.7節）、山梨（2015: 81–82）を参
照。

（5）　メタファーの理解に関わる論理と推論プロセスの問題に関しては、本
書（第4章4.7節）、山梨（1988：20–23）、山梨（2015: 77–88）を参照。

（6）　メトニミーの理解に関わる論理と推論プロセスの分析に関しては、〈参
照点起動の推論モデル〉（山梨 2000: 113–116、山梨 2004: 第3章3.5節
–3.6節）に基づく言語理解の分析を参照。

（7）　日常言語の推論としては、本書で考察の対象とした推論の他に、主文
の命題と補文の命題の間に成立する含意（e.g. 双方向的含意、一方向的
含意、等）に基づく推論も興味深い。この種の推論の典型例としては、
(i)〜(iv) が考えられる。

(i)　a.　John managed to solve the problem.

　⟶ John solved the problem.

b.　John remembered to lock his door.

　⟶ John locked his door.（Karttunen 1971: 341）

(ii)　a.　John didn't manage to solve the problem.

　⟶ John didn't solve the problem.

b.　John didn't remember to lock his door.

　⟶ John didn't lock his door.（ibid.: 343）

(iii)　a.　John {caused/forced} Mary to stay at home.

第 7 章　結語と展望　　193

$\longrightarrow$ Mary stayed at home.

b. John didn't {cause/force} Mary to stay at home.

$\nrightarrow$ Mary didn't stay at home.

（iv）John didn't {cause/force} Mary to stay at home, but she did.

（Yamanashi 1975: 120 ）（山梨 1977: 96）

英語の manage、remember のような動詞が主文にくる命題は、その補文の命題との間に、（i）、（ii）に見られるような双方向的含意の関係が成り立つ。すなわち、主文が肯定の文脈では補文の肯定の推論が成立し、主文が否定の文脈では補文の否定の推論が成立する。これに対し、cause、force のような動詞が主文にくる命題は、その補文の命題との間に、（iii）に見られるような一方向的含意の関係が成り立つ。すなわち、主文が肯定の文脈では補文の肯定の推論が成立するが、主文が否定の文脈では補文の否定の推論は必ずしも成立しない。（この点は、（iv）の例から明らかである。）この二種類の含意関係に基づく推論の一面は、（v）、（vi）に示される（cf. Yamanashi 1975: 119–120）。

（v）a. MANAGE $(x, S) \longrightarrow S$: $\sim$ MANAGE $(x, S) \longrightarrow \sim S$

b. REMEMBER $(x, S) \longrightarrow S$: $\sim$ REMEMBER $(x, S) \longrightarrow \sim S$

（vi）a. CAUSE $(x, S) \longrightarrow S$: $\sim$ CAUSE $(x, S) \nrightarrow \sim S$

b. FORCE $(x, S) \longrightarrow S$: $\sim$ FORCE $(x, S) \nrightarrow \sim S$

　以上の例から明らかなように、日常言語を特徴づける自然論理の推論の適切性は、主文にくる動詞の論理的な性質によって左右される。しかし、日常言語の個々の動詞の論理的な性質は、形式論理の一部門である述語論理の推論の規定では無視されている。人間の柔軟な思考のメカニズム（i.e. 自然論理のメカニズム）を明らかにしていくためには、命題を支配する個別の動詞の意味特徴や論理的な性質を体系的に分析していく必要がある。（以上の日常言語における動詞の論理的な性質と推論の具体的な分析に関しては、さらに Karttunen (1970)、Karttunen (1971)、Yamanashi (1975b: Chap.4)、山梨 (1977: 第 4 章) を参照。）

（8）　文法学、論理学、レトリックを統合的に組み込んだ新たな言語学の探求に関しては、山梨（2009b）及び本書の第1章を参照。

（9）　この統語論の自律性のテーゼは、真理条件的なモデル解釈に基づく形式論理学の前提にもなっている（cf. 山梨（2016: 6））。形式論理学では、命題論理ないしは述語論理によって規定される論理的シンタクス（logical syntax）のレベルは、モデル解釈に関わる真理値（ないしは指示値）からは独立に規定される。この点で形式論理のシンタクスのレベルは、（意味の世界から独立した）自律的レベルとして位置づけられる。換言するならば、形式論理学は、統語論の自律性のテーゼを暗黙の前提としている。以上の形式論理学におけるシンタクスと意味解釈の問題に関しては、山梨（2016: 5–7）を参照。

（10）　知のメカニズムの解明を目指す認知科学の学際的な視点からの新たな言語研究の可能性に関しては、山梨（2001a, 2001b）、Yamanashi（2016）を参照。

引用例出典

（日本文学作品）

安部公房：『他人の顔』（新潮文庫）、新潮社、1968.

安倍公房：『砂の女』（新潮文庫）、新潮社、1981.

有島武郎：『惜しみなく愛は奪う』（新潮文庫）、新潮社 1968（改版）.

井上ひさし：『腹鼓記』、新潮社、1985.

泉 鏡花：『婦系図』（岩波文庫）、岩波書店、1951.

倉田百三：『出家とその弟子』（角川文庫）、角川書店、1968（改版）.

高橋和巳：『邪宗門』朝日新聞社、1993.

夏目漱石：『我輩は猫である』（新潮文庫）、新潮社、1980（改版）.

夏目漱石：『明暗』（新潮文庫）、新潮社、1987.

夏目漱石：『行人』（新潮文庫）、新潮社、1990（改版）.

新田次郎：『八甲田山死の彷徨』（新潮文庫）、新潮社、2002.

林 芙美子：『女家族』（角川文庫）、角川書店、1955.

林 芙美子：『めし』（新潮文庫）、新潮社、1971（改版）.

三浦 浩：『京都大学殺人事件』（集英社文庫）、集英社、1986.

（英米文学作品）

Edward Albee: *Who's Afraid of Virginia Woolf?* Harmondsworth, Middlesex: Penguin Books, 1962.

Sherwood Anderson: "The Triumph of the Egg.", In M. Jerry Weiss（ed.）*10 Short Plays.* New York: Dell, 1963.

James Baldwin: "Sonny's Blues." In Raymond Carver and Tom Jenks（eds.）*American Short Story Masterpieces.* New York: Dell, 1987.

Ann Beattie: "The Cinderella Waltz." In Ann Beattie, *The Burning House.* New York: Ballantine, 1979.

Lewis Carroll: *Through the Looking-Glass.* New York: Signet, 1960.

Charles Dickens: *David Copperfield.* Harmondsworth, Middlesex: Penguin Books, 1966.

Emily Dickinson: *A Choice of Emily Dickinson's Vers*e. London: Faber and Faber, 1968.

Theodore Dreiser: "The Lost Phoebe." In Milton Crane (ed.) *50 Great American Short Stories*. New York: Bantam Book, 1965.

Allen Eyles: *The Marx Brothers*. New York: Kinney, 1971.

F. Scott Fitzgerald: "Winter Dreams." In Robert P. Warren and Albert Erskine (eds.) *Short Story Masterpieces*. New York: Dell, 1958.

Ernest Hemingway: "The Killers." In M. Edmund Speare *et al.* (eds.) *A Pocket Book of Short Stories*. New York: Washington Square Press, 1969.

Aldous Huxley: "The Gioconda Smile." In *Collected Short Stories*. London: Chatto & Windus, 1957.

Katherine Mansfield: "The Garden Party." *The Garden Party and Other Stories*. Harmondsworth, Middlesex: Penguin Books, 1922.

B. Jean Naterop and Rod Revell: *Telephoning in English*. Cambridge: Cambridge University Press, (2nd ed.), 1997.

Philip F. O'Connor: "Gerald's Song." In Robert Shapard and James Thomas (eds.) *Sudden Fiction*. Harmondsworth, Middlesex: Penguin Books, 1988.

Philip Roth: *Goodbye Columbus*. New York: Bantam Books, 1959.

Phillip Roth: *Portnoy's Complaint*. New York: Bantam Books, 1970.

William Shakespeare: *Hamlet*. (Oxford World's Classics) Oxford: Oxford University Press, 1987.

M. Jerry Weiss: "Parents and People." In M. Jerry Weiss (ed.) *10 Short Plays*. New York: Dell, 1963.

Thornton Wilder: "The Happy Journey to Trenton and Camden." In M. Jerry Weiss (ed.) *Ten Short Plays*. New York: Dell, 1963.

（その他）

日本聖書協会（新共同訳）：『聖書』（旧約聖書続編つき）日本聖書協会, 1991.

King James Version: *The Holy Bible*. Oxford: Oxford University Press, 1982.

参考文献

有光奈美 2011.『日・英語の対比表現と否定のメカニズム―認知言語学と語用論の接点』開拓社.

Austin, John L. 1961. *Philosophical Papers*. Oxford: Oxford University Press.

Austin, John L. 1962. *How to Do Things with Words*. Oxford: Oxford University Press.

Behaghel, Otto 1932. *Deutsche Syntax*. (Band IV), Heidelberg: Carl Winters.

Bolinger, Dwight 1977. *Meaning and Form.* London: Longman.

Brown, Gillian and George Yule 1983. *Discourse Analysis*. Cambridge: Cambridge University Press.

Clausner, Timothy C. and William Croft 1999. "Domains and Image Schemas." *Cognitive Linguistics* 10 (1): 1–31.

Fillmore, Charles J. 1977. "Scenes-and-Frame Semantics." In Antonio Zampoli (ed.) *Linguistic Structures Processing*, 55–81. Amsterdam: North-Holland.

Geis, Michael L. and Arnold Zwicky 1971. "On Invited Inferences." *Linguistic Inquiry* 2 (4): 561–566.

Grice, H. Paul 1975. "Logic and Conversation." In Peter Cole and Jerry Morgan (eds.) *Syntax and Semantics*, 41–58. New York: Academic Press.

Haiman, John 1983. "Iconic and Economic Motivation." *Language* 59 (4): 781–819.

Haviland, Susan E. and Herbert H. Clark 1974. "What's New? Acquiring New Information as a Process in Comprehension." *Journal of Verbal Learning and Verbal Behavior* 13: 512–521.

Horn, Laurence R. 1989. *A Natural History of Negation.* Chicago: University of Chicago Press.

Johnson, Mark 1987. *The Body in the Mind*. Chicago: University of Chicago Press.

Karttunen, Lauri 1970. "On the Semantics of Complement Sentences." *Papers from the Sixth Regional Meeting of the Chicago Linguistic Society,* 328–339, Chicago: Chicago Linguistic Society.

Karttunen, Lauri 1971. "Implicative Verbs." *Language* 47 (2): 340–358.

菊田千春 2013.「テミル条件文にみられる構文変化の過程―語用論的強化と階層的

構文ネットワークに基づく言語変化—」、『認知言語学論考』11: 163–198. ひつじ書房.

小松原哲太 2012.『修辞理解のメカニズムに関する基礎的研究—転義現象の分析を中心に』京都大学大学院、人間・環境学研究科（言語科学講座）、修士論文.

Köhler, Wolfgang 1969. *The Task of Gestalt Psychology*. Princeton, N.J.: Princeton University Press.

国語学会（編）1980.『国語学大事典』東京堂出版.

久保 圭 2012.「日本語の否定接頭辞の体系的分類—価値特性と動的特性の組み合わせによる記述」、『日本認知言語学会論文集』12: 190–201.

Lakoff, George 1971. "On Generative Semantics." In Danny D. Steinberg and Leon A. Jakobovits (eds.) *Semantics,* 232–296. Cambridge: Cambridge University Press.

Lakoff, George 1972. "Linguistics and Natural Logic." In Donald Davidson and Gilbert Harman (eds.) *Semantics of Natural Language*, 545–665. Dordrecht: Reidel.

Lakoff, George 1974. "Syntactic Amalgams." *Papers from the 10th Regional Meeting of the Chicago Linguistic Society*, 10: 321–344. Chicago: Chicago Linguistic Society.

Lakoff, George 1977. "Linguistic Gestalts." *Papers from the 13th Regional Meeting of the Chicago Linguistic Society*, 13: 236–287. Chicago: Chicago Linguistic Society.

Lakoff, George 1984. "Performative Subordinate Clauses." *Proceedings of the Berkeley Linguistic Society*, 10: 472–480. Berkeley: Berkeley Linguistic Society.

Lakofff, George 1986. "Frame Semantic Control of the Coordinate Structure Con‐Straint." *Papers from the 22nd Regional Meeting of the Chicago Linguistic Society (Parasession)*, 22 (Part 2): 152–167. Chicago: Chicago Linguistic Society.

Lakoff, George 1987. *Women, Fire, and Dangerous Things: What Categories Reveal About the Mind.* Chicago: University of Chicago Press.

Lakoff, George 1988. "Cognitive Semantics." In Umberto Eco, Marco Santambrogio, and Patrizia Violi (eds.) *Meaning and Mental Representations*, 119–154. Bloomington: Indiana University Press.

Lakoff, George and Mark Johnson 1980. *Metaphors We Live By*. Chicago: University of Chicago Press.

Lakoff, George and Mark Johnson 1999. *Philosophy in the Flesh: The Embodied Mind and its Challenge to Western Thought.* New York: Basic Books.

Langacker, Ronald W. 1990. *Concept, Image, and Symbol.* Berlin/New York: Walter de Gruyter.

Langacker, Ronald W. 1991. *Foundations of Cognitive Grammar: Volume II Descriptive Application.* Stanford: Stanford University Press.

益岡隆志（編）1993.『日本語の条件表現』くろしお出版.

松下大三郎 1928.『改撰 標準日本文法』中文館書店（復刊、勉誠社、1978）.

McCawley, James D. 1998. *The Syntactic Phenomena in English.* Chicago: University of Chicago Press.

Minsky, Marvin 1980. "A Framework for Representing Knowledge." In Dieter Metzing（ed.）*Frame Conceptions and Text Understanding,* 1–25. Berlin/New York: Walter de Gruyter.

Nash-Webber, Bonnie L. 1978. "Inference in an Approach to Discourse Anaphora." *Technical Report of Center for the Study of Reading* 77, University of Illinois, 1–21.

長友俊一郎 2015.「認知言語学的観点に基づく英語条件文の分類と特徴づけ」、『関西外国語大学・研究論集』102: 19–36.

Nida, Eugene A. 1966. *A Synopsis of English Syntax.* The Hague: Mouton.

日本語教育学会（編）1982.『日本語教育事典』大修館書店.

沖本正憲 2012.「身体経験とことば：プライマリー・メタファーの観点から」、『苫小牧高専紀要』47: 6–35.

太田 朗 1980.『否定の意味』大修館書店.

Piaget, Jean 1972. *Problèmes de psychologie génétique.* Paris: Éditions Denoël

ピアジェ、ジャン 1969.『新しい児童心理学』（波多野完治ほか・訳）白水社.

ポアンカレ、アンリ 1953.『科学と方法』（吉田洋一・訳、岩波文庫）岩波書店.

Quirk, Randolph, Sidney Greenbaum, Geoffrey Leech and Jan Svartvik. 1985. *A Comprehensive Grammar of the English Language.* London: Longman.

Ross, John 1986. *Infinite Syntax!* Norwood, N.J.: Ablex.

坂原 茂 1985.『日常言語の推論』東京大学出版会.

阪倉篤義 1958.「条件表現の変遷」、『国語学』33: 105–115.

Sanford, Anthony J. and Simon C. Garrod 1981. *Understanding Written Language: Explorations of Comprehension beyond the Sentence.* New York: John Wiley &

Sons.

Sweetser, Eve E. 1990. *From Etymology to Pragmatics*. Cambridge: Cambridge University Press.]

時枝誠記 1941.『国語学原論』岩波書店.

Wittgenstein, Ludwig 1922. *Tractatus Logico-Philosophicus*. London: Routledge & Kegan Paul.

ウィトゲンシュタイン、ルートヴィヒ 1968.『論理哲学論考』(藤本隆志・坂井秀寿訳)、法政大学出版局.

山田孝雄 1936.『日本文法学概論』宝文館.

Yamanashi, Masa-aki 1975a. "Where Do Conditional Expressions Qualify?: Functional Variability between Logical and Ordinary Language Conditionals." In Roger Fasold and Roger Shuy (eds.) *Analyzing Variation In Language*, 228–240. Washington, D.C.: Georgetown University Press.

Yamanashi, Masa-aki 1975b. *Generative Semantic Studies of the Conceptual Nature of Predicates in English*. University of Michigan, Ph. D. Dissertation.

山梨正明 1977.『生成意味論研究』開拓社.

山梨正明 1985.「自然言語と推論プロセス」(補稿)、坂原 茂『日常言語の推論』、169–186. 東京大学出版会.

山梨正明 1986.『発話行為』大修館書店.

山梨正明 1988.『比喩と理解』東京大学出版会.

山梨正明 1989.「言葉の認知と意味の計算 (I) - (II)」、『数理科学』309: 18–22; 310: 78–83.

Yamanashi, Masa-aki 1989. "Pragmatic Functions of Sentence and Text Coordination in Natural Language." *Text* 9 (3): 291–315.

山梨正明 1992.『推論と照応』くろしお出版.

山梨正明 1995.『認知文法論』ひつじ書房.

山梨正明 2000.『認知言語学原理』くろしお出版.

山梨正明 2001a.「言語科学の身体論的展開」、辻 幸夫 (編)『ことばの認知科学事典』、19–44. 大修館書店.

山梨正明 2001b.「ことばの科学の認知言語学的シナリオ」、『認知言語学論考』1: 1–28、ひつじ書房.

山梨正明 2004.『ことばの認知空間』開拓社.

山梨正明 2009a.『認知構文論』大修館書店.

山梨正明 2009b.「認知語用論からみた文法・論理・レトリック」、『語用論研究』
　　11: 61-97

山梨正明 2012.『認知意味論研究』研究社.

Yamanashi, Masa-aki 2015. "Aspects of Reference Point Phenomena in Natural Lan-
　　guage." *Journal of Cognitive Linguistics* 1: 22–43.

山梨正明 2015.『修辞的表現論―認知と言葉の技巧』開拓社.

山梨正明 2016.「理論言語学における意味研究の歴史と展望」、『認知言語学論考』
　　13: 1-34. ひつじ書房.

Yamanashi, Masa-aki 2016. "New Perspectives on Cognitive Linguistics and Related
　　Fields." In M. Yamanashi (ed.) *Cognitive Linguistics*. Vol.1, xix-xlix. London:
　　Sage Publications.

Yamanashi, Masa-aki (ed.) 2016. *Cognitive Linguistics*. (Vol.1～Vol.5) London:
　　Sage Publications.

索引

あ

曖昧性（ambiguity）　85, 95
愛のメタファー　131
暗黙の前提　56, 57, 58, 59
暗黙値　176, 188

い

1次的な焦点　94
イコール（＝）の概念　122
イコン性　27
イメージスキーマ　6, 7, 98, 99, 100, 106, 109, 112, 122, 123, 129, 130, 131, 132, 136
イメージスキーマ形成　9
イメージスキーマ変換　9, 80
イメージ形成　5, 129
意味公準（meaning postulates）　176
意味的（ないしは論理的）な推論　145, 146
意味的な含意　144
意味的な推論　142, 157
意味論的な推論　140, 141
一次的断定　90
一体化された行為　171
一般的な認知能力　4
一般的知識　155
一般的知識のフレーム　156
一方向的含意　192, 193
印欧語の否定辞　113
因果関係　45, 60, 61, 106, 108
因果的推論　108
隠喩　90, 91

う

ヴェン図（Venn Diagram）　115
ヴォイス　62
迂言的表現　143
運動感覚　103
運動感覚的な行為　130
運用能力　3, 4, 5, 6, 7, 10, 98, 184

え

演繹的な推論　99
演繹的推論　2, 8, 10, 176, 188
遠／近　118

か

カテゴリーミステイク　89, 91, 186, 192
数の保存　126
数の保存の法則　127
仮定世界　43
仮定的譲歩文　58
仮定表現　44, 45, 51, 63, 64
仮定文　62
可算な集合　81
可算な集合体　82
可算／不可算　82, 95
可能世界　43
科学的な思考　97
会話の含意　10, 49, 55, 65, 94, 179, 185
回転移動　124, 137
概念メタファー　127, 128, 129
概念化　100
概念獲得　108
概念体系　98, 127
格標識　107
確定表現　44, 62, 63
活性化領域（AZ＝active zone）　86
感性　129
感嘆文　166, 167, 185
緩叙法（litotes）　19, 20, 40
緩叙法のレトリック　40
間接照応　10, 149, 155, 160
間接的な照応　177

間接的な推論　148
間接的な発話行為　59
間接的な否定　116
間接的な否定表現　113, 114, 115, 117,
　　118, 121, 135
間接的発話行為　10
関数　112, 113
関連性（relevance）　34, 56
含意　15
含意関係　142, 157, 193

き

基準値（norm）　118
基本命題　14, 16, 191
帰結　177
祈願文　167
記憶　189
記号観　97
記号計算　103, 130
記号計算主義　183, 184, 190
記号操作　190
記号表示　98, 190
記号論理　1
記号論理学　8, 85, 99, 103
〈起点〉　133
〈起点―経路―着点〉　134
起点―経路―着点のスキーマ　98
〈起点―経路―着点〉のイメージスキー
　　マ　103, 104, 105, 109, 111, 112,
　　132, 133, 134
〈起点／着点〉　108
起点領域　109, 110, 111, 122
擬似条件文　54, 55, 56, 65
擬似論理性　53
疑似条件文　58, 59
疑似等位構文　172
疑問　53
疑問条件文　56
疑問文　52, 167, 168, 185
客観主義の科学観　129
客観主義の世界観　81, 190
客観主義的な世界観　97, 129, 183
客観的な世界観　95
客観的事態認知　77

境界　119
近接関係　163

く

グラウンド　80
グラウンド化　79, 80
〈グループ的〉な解釈　28
空間の近接関係　160
空間の中心領域　117
空間移動　77, 103, 104, 105, 106, 108,
　　134, 135
空間関係の表現原理　27
空間的な均一性　103
空間認知　103, 106, 108, 113, 114, 115,
　　117, 121
空間認知のイメージ　116, 117
空間認知の経験　115, 119
空間領域の認知　121

け

ゲシュタルト的な一体性　171
ゲシュタルト的推論　138
ゲシュタルト的認知　126
形式言語　13, 39, 68, 82, 89, 93, 185
形式言語の操作　129
形式文法　7, 189
形式文法のアプローチ　154
形式論理　1, 2, 8, 9, 13, 16, 39, 40, 58,
　　60, 130, 183, 186, 190, 193
形式論理学　10, 16, 23, 25, 29, 33, 34,
　　36, 83, 85, 93, 99, 101, 103, 133, 185,
　　191, 192, 194
〈経験的〉条件表現　46
経験的命題　46
計算主義　97, 98, 190
欠如と否定性　120
結果　133
〈結論〉　133
結論　101, 102, 103, 105
〈原因／結果〉　108
言語運用　164
言語観　70
言語行為　66

言語行為条件文　66
言明　50, 51

こ

'コソア' の指示表現　158
ことわり表現　51
コネクショニズム　190
個体の集合　81
〈個別的〉な解釈　28
古典論理　1
後件肯定の誤謬　41
語用論的な含意　62, 143, 144, 165, 178
語用論的な含意関係　65, 164
語用論的な推論　8, 139, 141, 142, 143,
　　146, 147, 148, 149, 151, 154, 157, 159,
　　164, 166, 177
語用論的推論　53, 148, 153, 154, 163,
　　176, 188
語用論的前提　47
語彙範疇　167
交換法則　23
公理　112
構文現象　163, 188, 189
肯定の推論　193
肯定の世界　116
肯定式（modus ponens）　57
行動系列　172
合同変換　124, 137

さ

三学科（trivium）　3, 188
三段論法　1, 8, 10, 101, 102, 121, 131,
　　176, 188, 191
三段論法的推論　149
参照点（R）　84, 85, 162
参照点（R = Reference Point）　84,
　　161
参照点起動のサーチング　5, 68, 93, 185
参照点構造　161
参照点能力　161

し

シナリオ　172
ジョーク　131
シンタクス・ショーヴィニズム　189
思考のメカニズム　108, 139, 140
指示値　184
視覚的な経験　124
視覚的同一性　123
視点の投影　68, 69, 93, 184, 185
視点の変換　184
事実的譲歩文　58
事態の解釈　185
事態フレーム　70
事態認知　69, 79
事態把握　13, 39, 72, 80, 94
時間関係の表現原理　27, 28
自然論理（natural logic）　1, 3, 6, 8, 9,
　　10, 11, 13, 16, 38, 39, 43, 62, 89, 94,
　　98, 131, 138, 149, 176, 183, 184, 185,
　　187, 189, 192, 193
自然論理と条件表現　43
写像　112, 122
写像のプロセス　133
主観的な視点　129
主観的な推論　137, 159, 176
主観的な知覚　81
主観的移動　76, 95
主観的態度　43, 61
主観的知覚　74
主観描写　77
主体の視点　67
首尾一貫性　38
修辞機能　62
修辞疑問文　56, 165
修辞条件文　47, 48, 49, 63
修辞性　89
修辞的な意味　186
修辞的疑問文　52
修辞的効果　41
修辞能力　4, 6
集合　115
集合の包含関係（⊃）　130
集合体の形（ないしは構造）　137
十分条件　56, 66

重ね合わせ　124, 137
述語論理　9, 83, 193, 194
述語論理学　40
焦点　69, 94
焦点化　5, 9, 68, 70, 71, 93, 99, 100, 176,
　　185, 188
照応　159
照応の認知プロセス　160
照応関係　163, 176
照応現象　144, 145, 147, 153, 176, 185,
　　188, 189
照応詞　161
照応表現　144
省略　174
省略の論理　173
省略現象　176, 185, 188, 189
上―下のスキーマ　99
情景描写　74
条件節の形式　44
条件表現　44, 45, 46, 49, 53, 62, 64, 65
条件文　44, 57, 58, 59, 66
条件法の論理　33
状況レベル　79
状況的認知　74
状況的把握　71, 72, 73
譲歩文　57, 58, 66
真理条件的意味論　9, 191
真理値　15
真理値の計算　190
真理表　16, 30
身体化された論理　130
身体感覚　103
身体性　97, 98, 183, 184
身体的な経験　103, 105, 108, 112, 121,
　　123, 124, 129, 136
身体的な経験領域　103

す

スーパー・インポジション　99, 100
ズームアウト　81, 95
ズームイン　81, 82
スキャニング　5, 9, 68, 93, 185
スピーチアクト・イディオム　174
スポットライト　94

図形の同一性　124
図／地の反転　68, 93
図／地の分化　68, 93
図・地の分化と反転　185
図／地の分化と反転　9, 78
図・地の分化／反転　5
推移規則　130
推移性（transitivity）　134
推移的な推論　134
推移的な推論のプロセス　135
推移律（transitive law）　101
推論　89, 98, 103, 131, 132, 139, 140, 144,
　　145, 173, 176, 187, 189
推論のステップ　177
推論のパターン　130
推論のメカニズム　131
推論プロセス　99
推論現象　189
推論照応　149, 151
推論連鎖　57
遂行的三段論法　191, 192
遂行的条件文　50, 53
遂行文　176, 188, 189
数学の論理　122
数学的な計算　123
数学的な写像　111
数理言語　13, 39, 93
数量の計算　123
数量の同一性　126
数量の判断　127, 128
数量的な思考　126

せ

生成意味論　9
生成文法のアプローチ　163
接続助詞　175
先行詞　162
宣告　191
戦略的な推論　36
選言　15, 32
選言の論理　29
選言関係　180
選言構造　180
選言構文　180

選言文　30
選択制限　88
選択制限の違反　91, 92
前景化　76, 79, 80
〈前件否定の誤謬〉　64
前件否定の誤謬　35, 49
前─後のスキーマ　98
〈前提〉　133
前提　90, 101, 102, 103, 105
前提条件　62
全域写像　109, 111
全域写像（total mapping）　109
ゼロ照応　161
ゼロ照応詞　160, 161

そ

〈素材〉　133
創造的な意味　93
創造的な思考　188
双方向的含意　192
想像力　129
相似的な同一性　137

た

ターゲット（T = Target）　84, 161, 162
ためらい　41
対応理論　191
対義語　40
対偶（contraposition）　37, 48, 59, 60
対偶のテスト　60
対偶の条件文　37
対称移動　124, 137
対象の不在　136
代数の演算操作　123
代名詞　162
大小の関係　135
大小関係　130
大前提　177
脱身体化　129
単数／複数　95
短絡的表現　143
断定　90

ち

知のメカニズム　98
知覚の一体性／分離性　25
知覚レベル　79
知覚主体　79, 80
知覚対象　76, 79
知識フレーム　156
知能　189
中核特性　110
中心・周辺　119
中心／周辺　118
中心─周辺のスキーマ　98
抽象な概念操作　123
抽象的な思考　121
直接照応　151
直喩　90
陳述　51, 53, 168
陳述のメカニズム　90

つ

通常の条件文　49, 50, 54, 59

て

デフォルト値（default values）　155
デフォルト的推論　8, 10, 144, 155, 176, 188
テンス　43, 61, 62
定理　112
適切性条件　169
典型値　156, 176, 188
天秤のイメージ　122
伝達動詞　51

と

トポロジーの幾何学　125
トポロジー的な変換　125
トポロジー的な変換操作　125
トポロジー的変換　124
トラジェクター（tr = trajector）　72, 73, 79, 80, 94
倒置文　164, 165

等位関係　23, 24
等位構造　164, 166, 167, 168, 179, 180
等位構造制約（coordinate structure
　　constraint）　170, 171, 172
等位構文　168, 169, 170, 171, 172, 180
等位項　170
等位接続　167
等式　122
統語構造　164
統語的融合体　165
統語論の自律性のテーゼ　10, 194
動詞の意味構造　156
同一指示の関係　160
同一性　124, 126, 137
同一性の確認　124
同一性の認識　124
同形　123, 124
「同相」の関係　125
同値　15
同値関係　122
同値性　123
〈同定〉の意味　133
同定の認知プロセス　125
同等関係　130

な

ナラ‐形式　45
内・外　119
内容条件文　65

に

二次的（ないしは三次的）な焦点　94
ニューラルネット　190
人間の概念操作　112
二次的断定　90
二重の推論のプロセス　158
二重否定　16, 17, 18, 19, 20, 21, 40, 41
二重否定の法則　17
日常言語の概念体系　132
日本語の否定　121
日本語の否定辞　113
認識条件文　66
認識論的な問題　86

認知のドメイン　84
認知プロセス　93, 99, 100, 185
認知モード　73
認知科学　189, 190, 194
認知図式　120
認知的意味　133
認知能力　3, 4, 5, 6, 7, 10, 98, 184

は

パースペクティヴ　67
はぐらかし　41
パラダイム　189
バランスのイメージスキーマ　123
排他的な選言　29, 30, 31
背景化　9, 68, 76, 79, 93, 174, 185
背景的な知識　57, 178
背景的知識　56, 66
漠然性（vagueness）　85, 95
発話の機能　168
発話の遂行機能　53
発話の力　51, 52, 61, 62, 166, 174, 178,
　　179, 185
発話意図　59
発話機能　169
発話行為　37, 38, 49, 50, 51, 64, 173,
　　179, 180, 185, 191
発話行為の機能　60
発話文脈　92
反転　79

ひ

否定　15, 16, 113
否定のメカニズム　121
否定の機能　120
否定の推論　193
否定の世界　116
否定の領域　114
否定の論理　113
否定の論理的強度　21
否定辞　20, 22, 23, 41, 113, 114, 121
否定表現　113
比喩の論理　90
比喩写像　9, 103, 105, 109, 110, 111

比喩的な意味　89,93
比喩的な拡張　106,107
比喩的な転用　78
比喩的拡張　107,134
比喩表現　89,127
皮肉　41
非慣習的な会話の含意　179
非対称性　79

ふ

ブラックボックスの変換　112
プリミティヴな概念　106
「フレーム」（frame）　177
プロトタイプ特性　110
不可算の集合体　82
不可算の連続体　81
不在の認知　121
付加疑問文　165,166
部分写像　111
部分―全体のスキーマ　98
複合的条件表現　175
複合的推論　149
複合命題　14,15,29,30,33,191
物理的移動　76,94
〈分析的〉条件表現　46
分析的条件表現　45,63
分析的命題　45,46
分析哲学　191
文字通りの意味（literal meaning）　89,
　92
文法ショーヴィニズム　176
文法の自律性　163
文法学　3,188,189,194
文法中心主義　176
文法能力　3,4,5
文法範疇　167
文脈独立性　38
文脈独立的な含意　144
文脈独立的な推論　142

へ

平行移動　124,137
平衡バランス　123,136

平衡バランスの経験　123
平叙文　164,165,166,167,168,191
変規則的な推論　149
変形の操作　125
変形操作　126
反事実条件文　47,48,49

ほ

保存の法則　126
補集合　115
補助命題　56,57,58,59
補文構造　164
包括的な選言　30,31
包含関係　134,135
包含的な選言　29
包摂関係　102,103
報告（Report）　50,51
方位性の比喩表現　128
方位的な比喩　137,138

ま

マッハの自画像　79

む

無生物主語　88

め

メタファー　89,122,131,186,192
メタファー変換　5,68,93
メトニミーリンク　87
メトニミー　159,160,161,186,192
メトニミーの推論プロセス　159
メトニミーリンク　85,88,160,163
メトニミー照応　160
メトニミー性　82
メトニミー的な拡張　88
メトニミー的拡張　87
メトニミー的推論　159,176,188
メトニミー表現　83,85,86,161,163
メトニミー変換　5,9,68,93
メンタルスペース　120,136

命題　14, 83
命題の真偽判断　89
命題の分節構造　183
命題的態度　62, 152
命題論理　2, 9
命題論理学　14, 16, 23, 40
命名　191
命令　53, 191
命令文　52, 167, 168, 185
明示性　38

も

モダリティ　43, 45, 51, 61, 62, 176
モデル意味論　10
モデル解釈　9
モデル解釈的意味論　9
モノ的認知　74
モノ的把握　71, 72
目標領域　109, 110, 122

や

約束　191

ゆ

誘引される含意　143
誘引的推論　8, 10, 35, 36, 64, 144, 176,
　188
誘導的推論　59

よ

〈容器〉のイメージスキーマ　6, 112
容器のイメージスキーマ　119, 131,
　132
容器のスキーマ　98, 100
容器の均一性　102
容器の包摂関係　100

ら

ランドマーク（lm = landmark）　72,
　73, 94

り

リンクのスキーマ　98
理由文　57, 58, 66
量の保存　126, 137
量の保存の法則　126
類似性の認識　90
論理学　3, 188, 189, 194
論理観　70
論理形式　83, 191
論理計算　16
論理結合子　2, 14, 15, 18, 23, 25, 29
論理積　23
論理的シンタクス　194
論理的（ないしは意味的）な推論
　148, 176
論理的な思考　121
論理的な推論　139
論理的誤謬　41
論理的同値関係（≡）　130
論理能力　4, 6
論理和　15

れ

レトリック　3, 4, 188, 189, 194
連言　15
連想　160, 189
連想のプロセス　159
連想の認知プロセス　159
連想的な照応　163
連体修飾　166

【著者紹介】

山梨正明（やまなし まさあき）

1948年静岡県生まれ。1975年ミシガン大学大学院博士課程修了（言語学、Ph.D.）。京都大学名誉教授、関西外国語大学教授。

　［主要著書］

『生成意味論研究』（開拓社、1977、市河三喜賞）、『発話行為』（大修館書店、1986）、『比喩と理解』（東京大学出版会、1988）、『推論と照応』（くろしお出版、1992）、『認知文法論』（ひつじ書房、1995）、『認知言語学原理』（くろしお出版、2000）、『ことばの認知空間』（開拓社、2004）、『認知構文論』（大修館書店、2009）、『認知意味論研究』（研究社、2012）、『修辞的表現論』（開拓社、2015）

　［監訳］

R.W. ラネカー『認知文法論序説』（研究社、2008）

　［主要編著］

『講座 認知言語学のフロンティア』（全6巻、2007–2009、研究社）、『認知言語学論考』（2001– 現在、ひつじ書房）、『現代言語学の潮流』（勁草書房、2003）

　［海外編著］

Cognitive Linguistics. (Vol.1 〜 Vol.5) [Ed. by M. Yamanashi, 2016] London: Sage Publications.

自然論理と日常言語—ことばと論理の統合的研究
Natural Logic and Ordinary Language: Integrated Study of Language and Logic
Masa-aki Yamanashi

発行	2016 年 12 月 27 日　初版 1 刷
定価	3200 円＋税
編者	© 山梨正明
発行者	松本功
印刷・製本所	亜細亜印刷株式会社
発行所	株式会社 ひつじ書房
	〒112-0011 東京都文京区千石 2-1-2 大和ビル 2 階
	Tel.03-5319-4916 Fax.03-5319-4917
	郵便振替 00120-8-142852
	toiawase@hituzi.co.jp　http://www.hituzi.co.jp/

ISBN978-4-89476-857-4

造本には充分注意しておりますが、落丁・乱丁などがございましたら、小社かお買上げ書店にておとりかえいたします。ご意見、ご感想など、小社までお寄せ下されば幸いです。

歴史会話研究入門
イェルク・キリアン著　細川裕史訳　定価 4,000 円＋税

発話のはじめと終わり　語用論的調節のなされる場所
小野寺典子編　定価 3,800 円＋税

自由間接話法とは何か　文学と言語学のクロスロード
平塚徹編　定価 3,200 円＋税

メタファーと身体性
鍋島弘治朗著　定価 5,800 円＋税

認知文法論

山梨正明著　定価 4,200 円＋税

待望久しい認知言語学の第一人者による文法論。カテゴリー化のプロセス、イメージスキーマと
メンタルモデル、転義と文法化のプロセス、メタファーとメトニミー、視点とプロトタイプ、意
味の慣用化とブリーチング等の問題を実証的に考察しながら、言葉とこころのメカニズムにかか
わる言語研究の新しい方向を探究。

言葉と認知のメカニズム　山梨正明教授還暦記念論文集

児玉一宏・小山哲春編　定価 17,000 円＋税

言葉の世界を認知のメカニズムによって解き明かそうとする壮大なテーマに向かい、認知文法、
認知意味論、構文文法等、認知言語学のパラダイムを背景とする論考から語用論、談話分析、コ
ミュニケーション論に至るまで、近年の言語研究の動向を踏まえて理論的、実証的に論じる。

言語の創発と身体性　山梨正明教授退官記念論文集

児玉一宏・小山哲春編　定価 17,000 円＋税

京都大学大学院人間・環境学研究科教授 山梨正明先生が、2013 年 3 月に定年を迎えられるに際
し、教え子が寄稿した記念論文集である。近年の言語理論に基づく研究成果を踏まえ、同時に山
梨教授の学問観を反映する形で、次世代の言語研究に向けての展望を図ることを目指した。

ひつじ意味論講座

澤田治美編　各巻 定価 3,200 円＋税

第1巻　語・文と文法カテゴリーの意味

第2巻　構文と意味

第3巻　モダリティ I：理論と方法

第4巻　モダリティ II：事例研究

第5巻　主観性と主体性

第6巻　意味とコンテクスト

第7巻　意味の社会性